파이썬 코딩수학 워크북

코딩수학 파이썬 1

김상권 김현동 곽수빈 황영진 김준석 지음

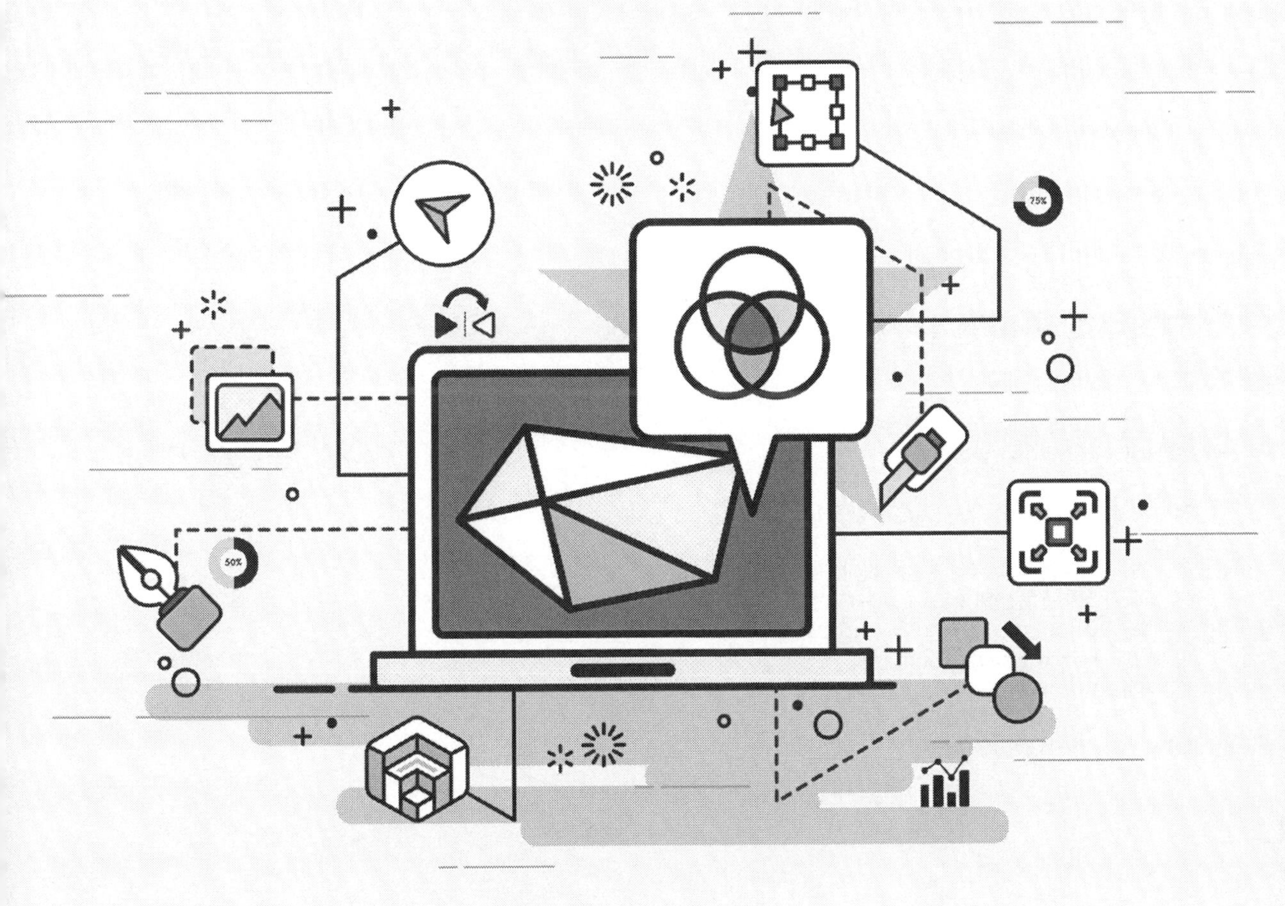

지오아카데미

[파이썬 코딩수학 워크북]

코딩수학 파이썬 1

초판인쇄 2021년 8월 1일
초판발행 2021년 9월 1일

저 자 김상권 김현동 곽수빈 황영진 김준석
펴 낸 곳 지오아카데미
주 소 서울 중구 퇴계로 213 일흥빌딩 408호
등 록 2016년 3월 7일 제395-2016-000014호
전 화 02)381-0706 | 팩스 02)371-0706
이 메 일 emotion-books@naver.com
홈페이지 www.geobooks.co.kr

ISBN 979-11-91346-07-7
값 17,000원

머리말

Preface

본 저서는 옥타브 프로그램으로 작성된 코딩수학1 [최적의 소방서 위치 정하기] 과 코딩수학2 [골드바흐의 추측]의 파이썬(Python) 버전입니다.

[최적의 소방서 위치 정하기]에서는 한 마을의 모든 집으로부터의 거리의 합이 최소가 되도록 하는 최적의 소방서 위치를 컴퓨터 코딩으로 구하기가 설명돼 있고 [골드바흐의 추측]에서는 4이상의 짝수는 두 개의 소수의 합으로 나타낼 수 있다는 골드바흐의 추측, 천 번째 소수, 친화수, 완전수, 부부수 등 다양한 수의 세계 속으로 컴퓨터 코딩으로 체험하는 것으로 구성이 돼 있습니다.

독자분들의 의견 또는 문의 사항 등이 있으시면 cfdkim@korea.ac.kr (김준석)로 메일을 보내주시기 바랍니다.

이 교재가 코딩수학 수업에 잘 활용이 되어 학생들이 생활 속의 문제들을 수학을 이용하여 해결할 수 있다는 체험을 할 수 있으면 좋겠습니다.

목차

Contents

Part 2 골드바흐의 추측 • 40

Part
01

최적의 소방서 위치 정하기

Section 1 이 장에서 사용하는 명령어

코드명: Randint.ipynb

```
import numpy as np
x1 = -5; x2 = 5;
n = 2; m = 3;
Randi = np.random.randint(low = x1, high = x2, size = (n,m))
print(Randi)
```

코드설명

```
# 구간[x1,x2]에 균등하게 분포된 정수형 난수로 구성된 (n × m)행렬 생성
import numpy as np
# numpy 모듈 임폴트
x1 = -5; x2 = 5;
# 구간을 선언
n = 2; m = 3;
# 행렬의 크기(행, 열의 개수)를 선언
Randi = np.random.randint(low = x1, high = x2, size = (n,m))
# 구간 [-5,5]에서 정수형 난수로 구성된 (2 × 3)난수 행렬을 반환
print(Randi)
# 생성된 정수형 난수 출력
```

코드결과

```
[[-5 0 4]
 [3 1 1]]
```

코드명: Plot.ipynb

```
import numpy as np
import matplotlib.pyplot as plt
%matplotlib inline
x = np.linspace(0,2*np.pi,20)
y = np.cos(x)
plt.plot(x,y)
plt.show()
```

코드설명

```
import numpy as np
import matplotlib.pyplot as plt
%matplotlib inline
# notebook을 실행한 브라우저에서 바로 그림을 볼 수 있게 해준다
x = np.linspace(0,2*np.pi,20)
# 임의의 벡터 선언, 변수 x에 0부터 2π까지 균일한 간격의 (1×20)벡터
할당
y = np.cos(x)
# 변수 y에 벡터 x에 대한 cos값을 할당
plt.plot(x,y)
# 벡터 x에 대한 벡터 y를 Figure 창에 그리기
plt.show()
# 화면에 표시
```

코드결과

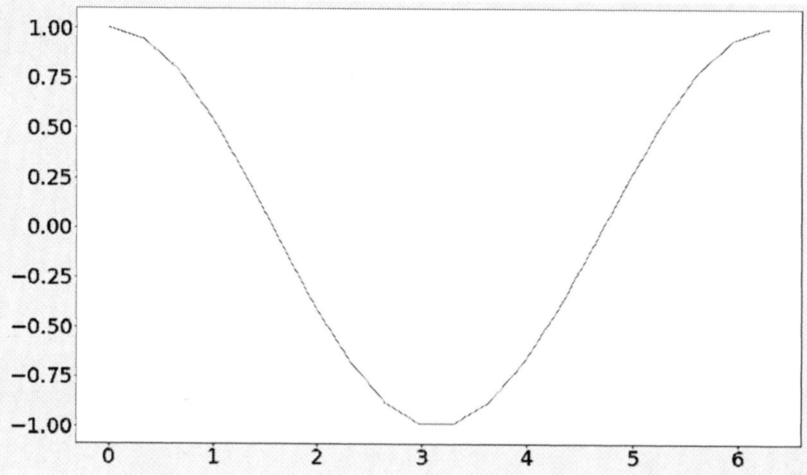

코드명: Grid.ipynb

```
import numpy as np
import matplotlib.pyplot as plt
%matplotlib inline
x = np.linspace(0,2*np.pi,20)
y = np.sin(x)
plt.plot(x,y)
plt.grid('true')
plt.show()
```

코드설명

```
import numpy as np
import matplotlib.pyplot as plt
%matplotlib inline
```

```
# notebook을 실행한 브라우저에서 바로 그림을 볼 수 있게 해준다
x = np.linspace(0,2*np.pi,20)
# 임의의 벡터 선언, 변수 x에 0부터 2π까지 균일한 간격의 (1×20)벡터
할당
y = np.sin(x)
# 변수 y에 벡터 x에 대한 sin값을 할당
plt.plot(x,y)
# 벡터 x에 대한 벡터 y를 Figure 창에 그리기
plt.grid('true')
# 격자 그리기
plt.show()
# 화면에 표시
```

코드결과

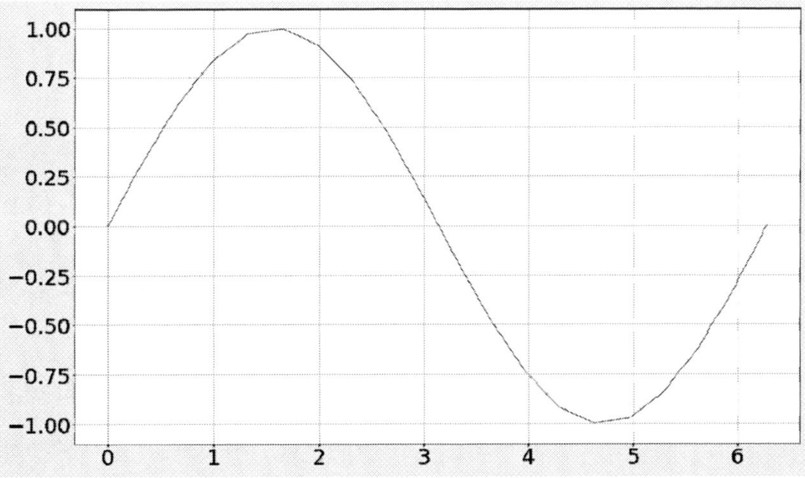

최적의 소방서 위치 정하기의 목표는 한 마을의 모든 집으로부터의 거리의 합이 최소가 되도록 하는 최적의 소방서 위치를 컴퓨터 코딩으로 구하기이다.

Section 2 택시거리(taxicab distance)란 무엇인가?

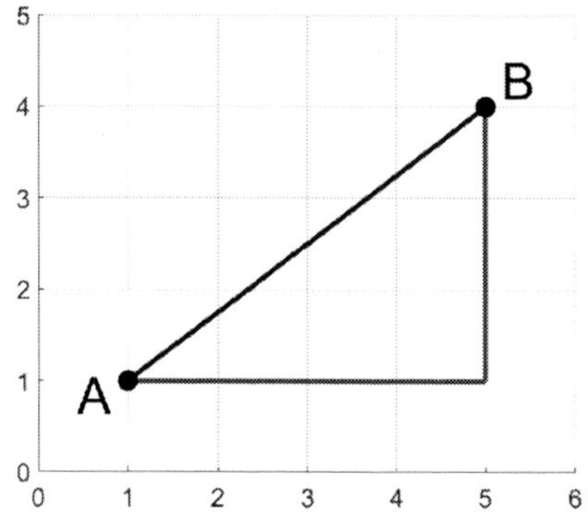

평면상의 두 점을 각각 A(x_1, y_1)와 B(x_2, y_2)라고 하자. 이때 일반적인 두 점 사이의 최단거리는

$$d = \sqrt{(x_1 - x_2)^2 + (y_1 - y_2)^2}$$

이다. 하지만 택시거리(taxicab distance)는 도로를 통해서만 갈 수 있다는 제약조건 때문에 다음과 같이 정의된다.

$$d_{taxi} = |x_1 - x_2| + |y_1 - y_2|$$

예를 들어 $A(1,1)$와 $B(5,4)$ 사이의 최단거리 d는 공식에 따라

$$d = \sqrt{(5-1)^2 + (4-1)^2} = \sqrt{4^2 + 3^2} = \sqrt{25} = 5$$

이다. 그림 상에서 파란색 선이다. 그리고 택시거리 d_{taxi}는 공식에 따라

$$d_{taxi} = |5-1| + |4-1| = 4 + 3 = 7$$

이다. 그림 상에서 빨간색 선이다. 위 예시에서 d_{taxi}가 7로 값이 5인 d보다 더 크다는 것을 알 수 있다. 택시거리는 두 점 사이의 최단거리보다 항상 더 크거나 같다. 지금부터 택시거리를 편의상 거리라 하자.

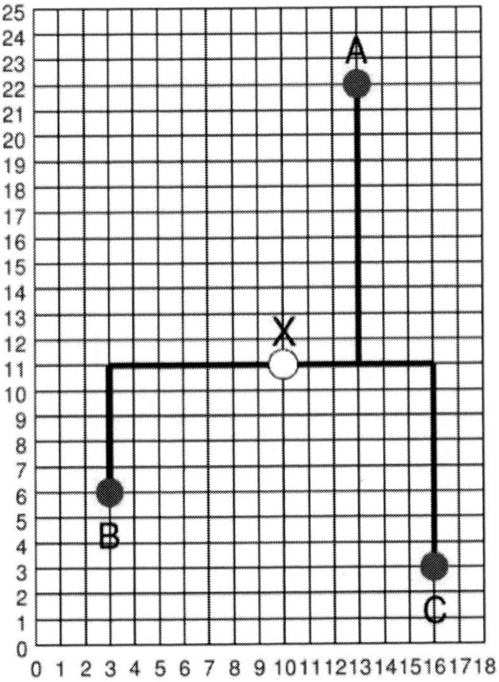

함께 택시거리를 계산해보자

X에서 A, B, C까지의 거리를 구하고, 거리의 합을 구해보자.

X에서 A까지의 거리는? X에서 오른쪽으로 3칸, 위쪽으로 11칸 = 총 14칸
X에서 B까지의 거리는? X에서 왼쪽으로 7칸, 아래쪽으로 5칸 = 총 12칸
X에서 C까지의 거리는? X에서 오른쪽으로 6칸, 아래쪽으로 8칸 = 총 14칸
총 거리의 합은? 14 + 12 + 14 = 40

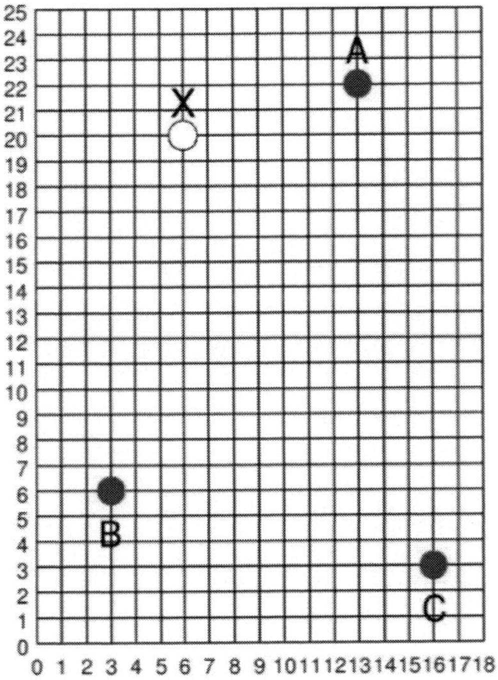

직접 택시거리를 계산해보자

X에서 A, B, C까지의 거리를 구하고, 거리의 합을 구해보자.

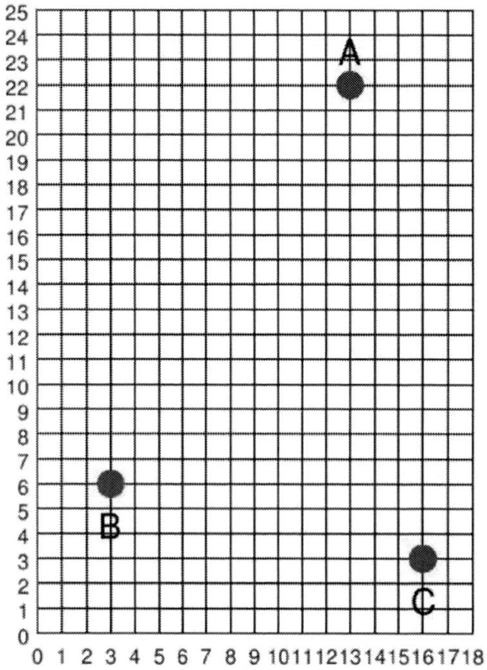

최적의 X위치를 찾아보자

세 점 A, B, C가 주어졌을 때, 최적의 X 위치를 찾아보자. A, B, C 사이 임의의 위치에 점 X를 두고 각 점과 X와의 거리를 구해서 거리의 합이 최소가 되는 X의 위치를 정해보자.

Section 3 좌표 개념 이해 및 이를 이용한 택시거리를 계산해보자

좌표의 개념을 이해하고 좌표를 이용하여 두 점 사이의 거리를 구하고, 거리의 합을 계산하여 보자.

X에서 A점까지의 거리는?

A점의 x좌표 13, X점의 x좌표 10 => |13-10| = 3

A점의 y좌표 22, X점의 y좌표 11 => |22-11| = 11

즉, |13-10|+|22-11|=14

X에서 B점까지의 거리는?

B점의 x좌표 3, X점의 x좌표 10 => |3-10| = 7

B점의 y좌표 6, X점의 y좌표 11 => |6-11| = 5

즉, |3-10|+|6-11|=12

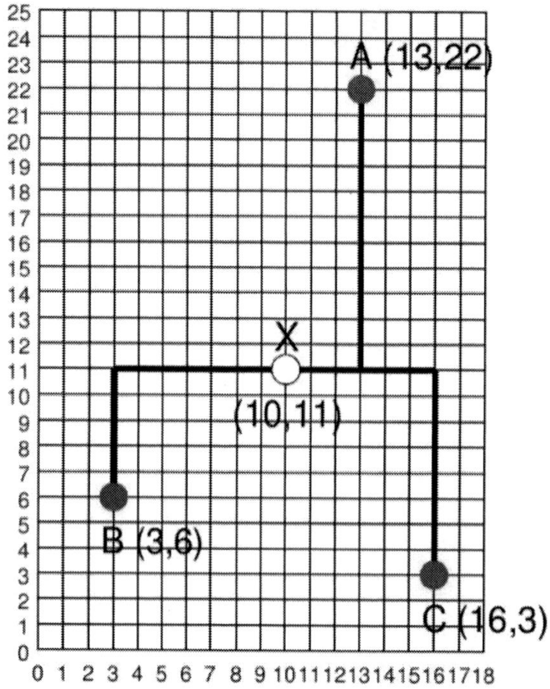

X에서 C점까지의 거리는?

C점의 x좌표 16, X점의 x좌표 10 =>

|16-10| = 6

C점의 y좌표 3, X점의 y좌표 11 =>

|3-11| = 8

즉, |16-10|+|3-11|=14

거리의 합은? 14 + 12 + 14 = 40

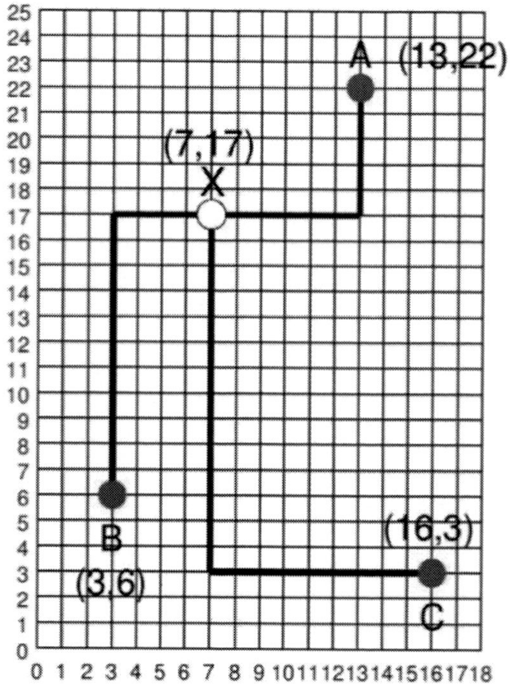

◎ 직접 좌표를 이용한 택시거리 계산을 해보자

좌표의 개념을 이해하고, 좌표를 이용하여 두 점 사이의 거리를 구하고, 거리의 합을 계산하여 보자.

Section 4 일반화한 좌표를 이용하여 택시거리를 계산해보자

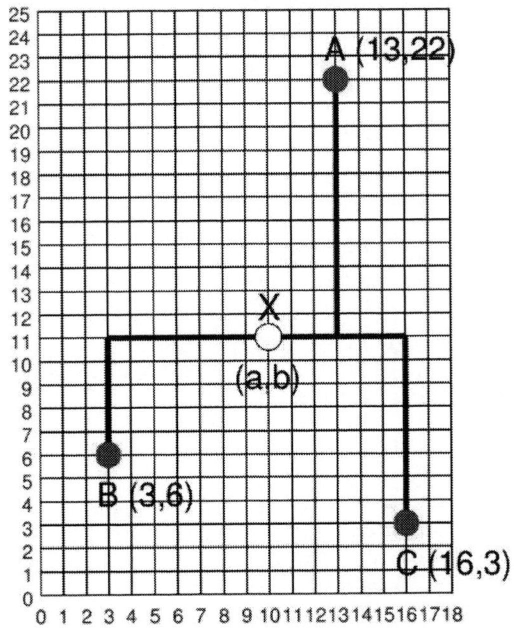

앞의 문제를 일반화 해보자. 점 X의 좌표를 (a,b)로 두고 점 A, B, C와 X의 거리를 표현해보고, 거리의 합을 구해보자.

X에서 A점까지의 거리는?

A점의 x좌표 13, X점의 x좌표 a => $|13-a|$

A점의 y좌표 22, X점의 y좌표 b => $|22-b|$. 즉, $|13-a|+|22-b|$

X에서 B점까지의 거리는?

B점의 x좌표 3, X점의 x좌표 a => $|3-a|$

B점의 y좌표 6, X점의 y좌표 b => $|6-b|$, 즉, $|3-a|+|6-b|$

X에서 C점까지의 거리는?

C점의 x좌표 16, X점의 x좌표 a => $|16-a|$

C점의 y좌표 3, X점의 y좌표 b => $|3-b|$, 즉, $|16-a|+|3-b|$

거리의 합은? $|13-a|+|22-b|+|3-a|+|6-b|+|16-a|+|3-b|$

Section 5 수많은 점과의 택시거리를 계산해보자

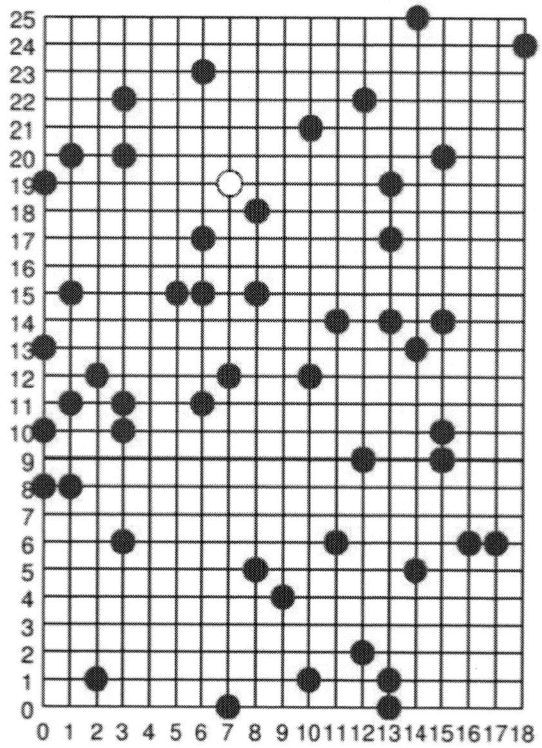

점 X의 좌표를 $(7,19)$로 두고 다른 점들과의 거리의 합을 구해보자.

Section 6 더 쉬운 방법은 없을까?

실제로 계산을 하면 아마도 시간도 오래 걸리고 많은 인내력을 필요로 할 것이다. 좀 더 많은 점들이 있으면 손으로 계산하기가 더욱 힘들 것이다. 파이썬(Python)을 이용하여 코드를 작성하고 답을 구해보자.

가로선 그리기

코드명: RowLine.ipynb

```
import numpy as np
import matplotlib.pyplot as plt
%matplotlib inline
nx = 18; ny = 25;
for j in range(ny+1):
    plt.plot([0,nx],[j,j],color='k')
plt.axis('image')
plt.show()
```

코드설명

```
import numpy as np
import matplotlib.pyplot as plt
%matplotlib inline
nx = 18; ny = 25;
for j in range(ny+1):
# j의 값을 0부터 1씩 증가하면서 ny까지 반복
```

```
    plt.plot([0,nx],[j,j],color='k')
# plot함수를 호출하여 가로선을 하나씩 추가
plt.axis('image')
# 화면 비율 조정
plt.show()
# 화면에 표시
```

코드결과

세로선 그리기

코드명: ColumnLine.ipynb

```
import numpy as np
import matplotlib.pyplot as plt
%matplotlib inline
nx = 18; ny = 25;
for i in range(nx+1):
    plt.plot([i,i],[0,ny],color='k')
plt.axis('image')
plt.show()
```

코드설명

```
import numpy as np
import matplotlib.pyplot as plt
%matplotlib inline
nx = 18; ny = 25;
for i in range(nx+1):
# i의 값을 0부터 1씩 증가하면서 nx까지 반복
    plt.plot([i,i],[0,ny],color='k')
# plot함수를 호출하여 세로선을 하나씩 추가
plt.axis('image')
# 화면 비율 조정
plt.show()
# 화면에 표시
```

코드결과

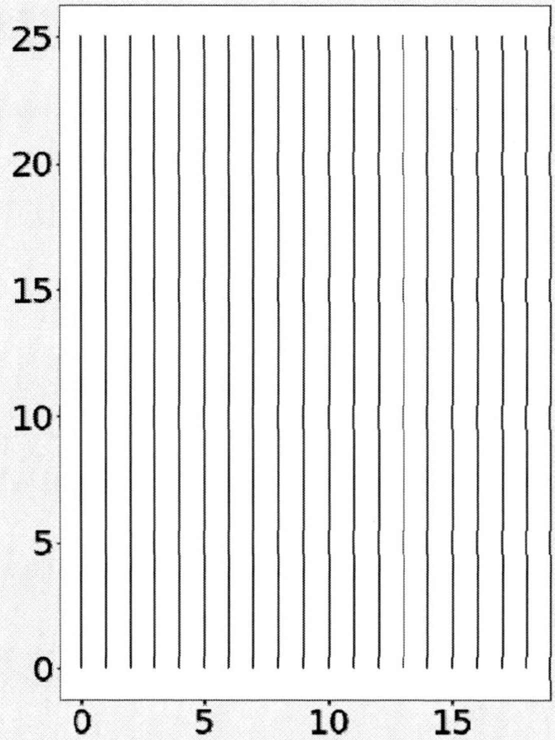

격자선 그리기 (가로선 + 세로선)

코드명: RowColumnLine.ipynb

```
import numpy as np
import matplotlib.pyplot as plt
%matplotlib inline
nx = 18; ny = 25;
for j in range(ny+1):
    plt.plot([0,nx],[j,j],color='k')
for i in range(nx+1):
    plt.plot([i,i],[0,ny],color='k')
plt.axis('image')
plt.show()
```

코드설명

```
import numpy as np
import matplotlib.pyplot as plt
%matplotlib inline
nx = 18; ny = 25;
for j in range(ny+1):
# j의 값을 0부터 1씩 증가하면서 ny까지 반복
    plt.plot([0,nx],[j,j],color='k')
# plot함수를 호출하여 가로선을 하나씩 추가
for i in range(nx+1):
# i의 값을 0부터 1씩 증가하면서 nx까지 반복
```

```
    plt.plot([i,i],[0,ny],color='k')
# plot함수를 호출하여 세로선을 하나씩 추가
plt.axis('image')
# 화면 비율 조정
plt.show()
# 화면에 표시
```

코드결과

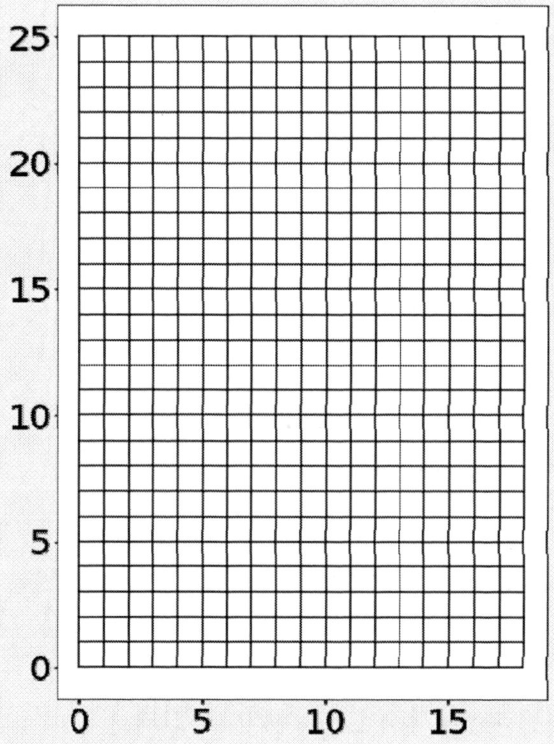

Section7 임의의 점들과 특정 점과의 택시거리 구하기

2차원 좌표에서 랜덤한 점과 특정 위치의 점 사이 거리의 합을 구해보자. x, y의 각 범위를 설정하고 x, y축의 정숫값에 대해 격자를 생성한다. np.random.randint를 사용하여 주어진 범위 내에서 x값 30개 y값 30개의 정숫값들을 무작위로 뽑는다. 그 점들을 plt.plot을 사용하여 그림으로 표현해보고, 최소 거리에 해당할 점을 스스로 생각해본다. 그 점을 코드(i,j)에 넣고 만든 30개의 점들과 (i,j)의 실제 택시거리를 출력해본다.

코드명: FindDistance.ipynb

```
import numpy as np
import matplotlib.pyplot as plt
%matplotlib inline
nx = 18; ny = 25;
for j in range(ny+1):
    plt.plot([0,nx],[j,j],'k-')
for i in range(nx+1):
    plt.plot([i,i],[0,ny],'k-')
NoH = 30
x = np.random.randint(low = 0, high = nx+1, size = (NoH, 1))
y = np.random.randint(low = 0, high = ny+1, size = (NoH, 1))
plt.plot(x,y,'bo')
i = 4; j = 11;
plt.plot(i,j,'rs')
plt.axis('image')
plt.show()
d = 0
```

```
for k in range(NoH):
    d += abs(x[k]-i)+abs(y[k]-j)
print('d = ',d)
```

코드설명

```
import numpy as np
import matplotlib.pyplot as plt
%matplotlib inline
nx = 18; ny = 25;
for j in range(ny+1):
# j의 값을 0부터 1씩 증가하면서 ny까지 반복
    plt.plot([0,nx],[j,j],color='k')
# plot함수를 호출하여 가로선을 하나씩 추가
for i in range(nx+1):
# i의 값을 0부터 1씩 증가하면서 nx까지 반복
    plt.plot([i,i],[0,ny],color='k')
# plot함수를 호출하여 세로선을 하나씩 추가
NoH = 30
x = np.random.randint(low = 0, high = nx+1, size = (NoH, 1))
# 구간 [0,18]에서 정수형 난수로 구성된 (30 × 1)난수 행렬을 반환
y = np.random.randint(low = 0, high = ny+1, size = (NoH, 1))
# 구간 [0,25]에서 정수형 난수로 구성된 (30 × 1)난수 행렬을 반환
plt.plot(x,y,'bo')
# 생성한 30개의 점들을 파란 원모양으로 그린다.
i = 4; j = 11;
# 임시 소방서의 위치
```

```
plt.plot(i,j,'rs')
# 임시 소방서 위치를 빨간 사각형으로 그린다.
plt.axis('image')
# 화면 비율 조정
plt.show()
# 화면에 표시
d = 0
# d의 맨 처음 값은 아무런 거리도 더하지 않았으므로 0이다.
for k in range(NoH):
# 생성한 각 30개의 점과 (i,j)로부터의 거리를(총 30개) 하나씩 하나씩 모두 더한다.
# d_taxi = |x1 - x2| + |y1 - y2| 인 택시거리 공식이 쓰였다. abs는 절댓값 명령이다.
    d += abs(x[k]-i)+abs(y[k]-j)
print('d = ',d)
# 거리의 총합 출력
```

코드결과

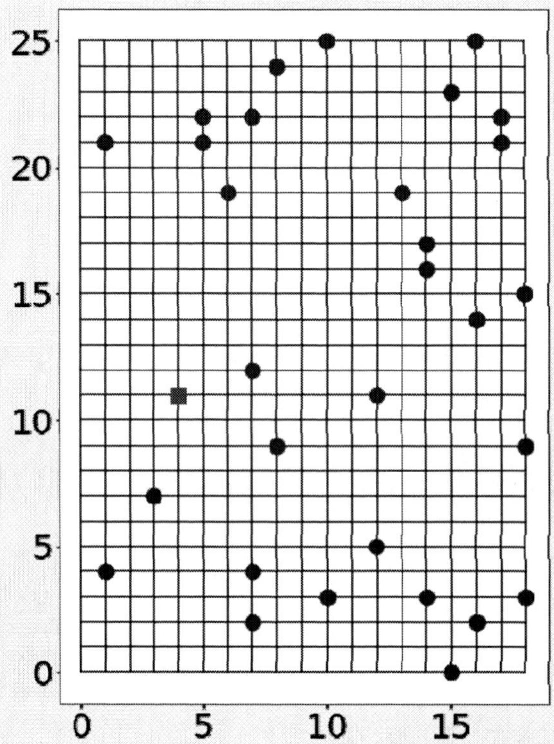

Section 8 임의의 값들(벡터) 중에서 최솟값 찾기

30개의 임의의 데이터에서 최솟값을 구해보자.

코드명: minA.ipynb

```
import numpy as np
import matplotlib.pyplot as plt
%matplotlib inline
n = 30
A = np.random.randint(low = 0, high = 1000, size = (n,1))
Min = 1000
for i in range(n):
    if A[i] < Min:
        Min = A[i][0]
        idx = i
print('Minimum value of A =',Min,'Index of min(A) =',idx)
plt.plot(A)
plt.plot(idx,A[idx],'ro')
plt.show()
```

코드설명

```
import numpy as np
import matplotlib.pyplot as plt
%matplotlib inline
n = 30
# 데이터 개수를 30개로 설정
```

```
A = np.random.randint(low = 0, high = 1000, size = (n,1))
# 임의로 0부터 1000까지의 정수를 크기가 30인 벡터 생성
Min = 1000
# 최솟값의 초기값을 1000으로 설정
for i in range(n):
# 벡터의 모든 원소 순회
    if A[i] < Min:
# 만약 벡터의 i번째 원소 값이 현재 최솟값 보다 작다면
        Min = A[i][0]
# 현재 벡터의 원소값을 최솟값으로 변경
        idx = i
# 현재 원소의 위치를 저장
print('Minimum value of A =',Min,'Index of min(A) =',idx)
# 최솟값과 벡터의 몇 번째 값이 최솟값인지 출력
plt.plot(A)
# 정수형 난수벡터 A 그리기
plt.plot(idx,A[idx],'ro')
# 최솟값을 플롯 빨간색 원으로 그리기
plt.show()
# 화면에 표시
```

코드결과

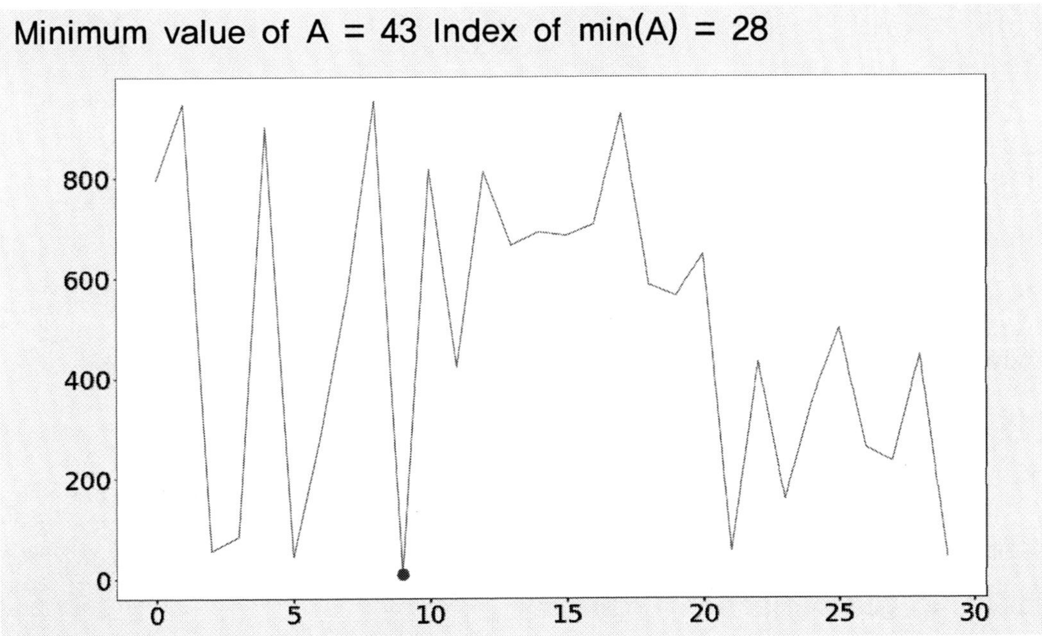
Minimum value of A = 43 Index of min(A) = 28
800
600
400
200
0
0
5
10
15
20
25
30

Section 9 임의의 값들(행렬) 중에서 최솟값 찾기

10행 5열 랜덤 행렬 데이터에서 최솟값을 구해보자.

코드명: minB.ipynb

```
import numpy as np
import matplotlib.pyplot as plt
from mpl_toolkits.mplot3d import Axes3D
%matplotlib inline
nx = 10; ny = 5;
B = np.random.randint(low = 1, high = 1000, size = (nx,ny))
fig = plt.figure()
ax = fig.gca(projection='3d')
x = np.linspace(0,nx-1,nx)
y = np.linspace(0,ny-1,ny)
X,Y = np.meshgrid(x,y)
ax.plot_wireframe(X,Y,B.T)
s = 1000
for i in range(nx):
    for j in range(ny):
        if B[i,j] < s:
            s = B[i,j]
            mini = i
            minj = j
print('Minimum value of B = ',s)
print('Index of min(B) with axis row = ',mini)
```

```
print('Index of min(B) with axis colum = ',minj)
plt.scatter(mini,minj,s,lw=10,c='b')
plt.show()
```

코드설명

```
import numpy as np
import matplotlib.pyplot as plt
from mpl_toolkits.mplot3d import Axes3D
# Axes3D는 객체를 생성 후 3차원 그래프를 그리는 멤버함수를 호출하는 방
식이다.
%matplotlib inline
nx = 10; ny = 5;
# nx는 행의 갯수, ny는 열의 갯수
B = np.random.randint(low = 1, high = 1000, size = (nx,ny))
# 구간 [1,1000]에서 정수형 난수로 구성된 (10×5)난수 행렬을 반환
fig = plt.figure()
# 그림창 활성화
ax = fig.gca(projection='3d')
# 좌표축을 3차원으로 설정
x = np.linspace(0,nx-1,nx)
# 임의의 벡터 선언, 변수 x에 0부터 nx-1까지 균일한 간격의 (1 x nx)벡터
할당
y = np.linspace(0,ny-1,ny)
# 변수 y에 0부터 ny-1까지 균일한 간격의 (1 x ny)벡터 할당
X,Y = np.meshgrid(x,y)
```

```
# 그리드 포인트의 x 값 행렬과 y 값 행렬 두 개로 분리하여 출력
ax.plot_wireframe(X,Y,B.T)
# 생성된 행렬을 그래프로 출력
s = 1000
# 행렬 B가 가질 수 있는 최댓값 1000으로 초기화
for i in range(nx):
    for j in range(ny):
        if B[i,j] < s:
# 만약 행렬의 값이 현재 최솟값 보다 작다면
            s = B[i,j]
# 현재 최솟값을 더 작은 행렬 값으로 변경
            mini = i
            minj = j
# mini에 행번호를 minj에 열 번호를 저장한다.
print('Minimum value of B = ',s)
print('Index of min(B) with axis row = ',mini)
print('Index of min(B) with axis colum = ',minj)
plt.scatter(mini,minj,s,lw=10,c='b')
# 모든 루프가 끝나면 행, 열, 그리고 최솟값을 출력
plt.show()
# 화면에 표시
```

코드결과

```
Minimum value of B =  33
Index of min(B) with axis row =  2
Index of min(B) with axis colum =  1
```

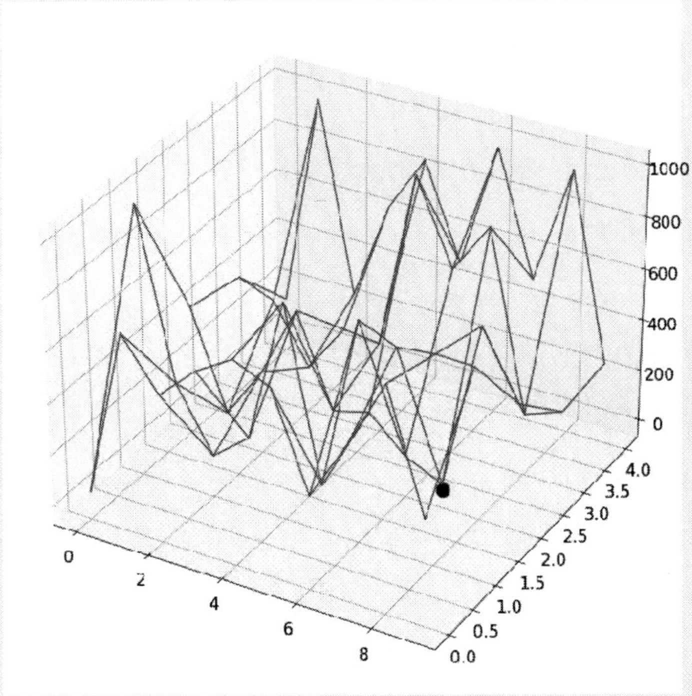

Section 10 최적의 소방서 위치 찾기

19×26 격자 위에서 랜덤하게 분포된 50개의 집들(위치가 중복될 수도 있음)이 있고 이들과의 거리의 합이 최소가 되는 위치에 소방서 위치를 정하는 프로그램을 작성하자.

코드명: FireStationLocation.ipynb

```
import numpy as np
import matplotlib.pyplot as plt
from mpl_toolkits.mplot3d import Axes3D
%matplotlib inline
nx = 18; ny = 25;
for j in range(ny+1):
    plt.plot([0,nx],[j,j],color='k')
for i in range(nx+1):
    plt.plot([i,i],[0,ny],color='k')
NoH = 50
x = np.random.randint(low = 0,high = nx+1,size=(NoH,1))
y = np.random.randint(low = 0,high = ny+1,size=(NoH,1))
plt.figure(1)
plt.plot(x,y,'ro')
fire = np.zeros((nx+1,ny+1))
for i in range(nx+1):
    for j in range(ny+1):
        d = 0
        for k in range(NoH):
            d += abs(x[k]-i)+abs(y[k]-j)
```

```
            fire[i,j] = d
s = (nx+ny)*NoH
for i in range(nx+1):
    for j in range(ny+1):
        if fire[i,j] < s:
            s = fire[i,j]
            m, n = i, j
print('Minimum value of fire = ',s)
print('Index of min(fire) with axis row = ',m)
print('Index of min(fire) with axis colum = ',n)
plt.plot(m,n,'bs')
plt.axis('image')
fig = plt.figure(2)
ax = fig.gca(projection='3d')
x = np.linspace(0,nx,nx+1)
y = np.linspace(0,ny,ny+1)
X,Y = np.meshgrid(x,y)
ax.plot_wireframe(X,Y,fire.T)
ax.scatter(m,n,color='b')
plt.axis('tight')
plt.show()
```

코드설명

x좌표 y좌표가 각각 x=0,1,2 ... 18, y=0,1,2 ... 25인 격자를 생성한 후, 50개의 무작위 점들을 추출한다. 격자에 포함되는 모든 (0,0), ... , (18,25) 총 19×26개의 각각의 점들에 대해서 50개의 무작위 점들과의 거리의 합에

해당하는 택시거리를 계산해 준다. 그에 해당하는 데이터행렬이 fire행렬이다. 이 fire행렬에서 최솟값에 해당하는 행과 열 데이터를 추출하면 그 위치가 바로 최적의 소방서 위치이다.

```
import numpy as np
import matplotlib.pyplot as plt
from mpl_toolkits.mplot3d import Axes3D
%matplotlib inline
nx = 18; ny = 25;
for j in range(ny+1):
    plt.plot([0,nx],[j,j],color='k')
for i in range(nx+1):
    plt.plot([i,i],[0,ny],color='k')
NoH = 50
x = np.random.randint(low = 0,high = nx+1,size=(NoH,1))
y = np.random.randint(low = 0,high = ny+1,size=(NoH,1))
plt.figure(1)
plt.plot(x,y,'ro')
fire = np.zeros((nx+1,ny+1))
for i in range(nx+1):
    for j in range(ny+1):
        d = 0
        for k in range(NoH):
            d += abs(x[k]-i)+abs(y[k]-j)
# 임의의 점들과 특정 점과의 택시거리 구하기 참조
```

```
        fire[i,j] = d
# 주어진 좌표 (0,0),(0,1),...,(18,25), 모든 점에 대한 택시거리를 계산하여
# fire 행렬에 저장한다.
s = (nx+ny)*NoH
# 모든 점에 대한 택시거리가 (nx+ny)*NoH을 넘지 않는다.
for i in range(nx+1):
    for j in range(ny+1):
        if fire[i,j] < s:
            s = fire[i,j]
            m, n = i, j
# 10행 5열 랜덤 행렬 데이터에서 최솟값을 구하는 방법 참조
# (이 코드는 19행 26열 행렬로 크기만 바뀌었다.)
print('Index of min(fire) with axis row = ',m)
print('Index of min(fire) with axis colum = ',n)
print('Minimum value of fire = ',s)
# 모든 루프가 끝나면 행, 열, 그리고 최솟값을 출력한다.
plt.plot(m,n,'bs')
# 앞선 코드를 통해구한 좌표를 그래프에 파란색 사각형으로 그린다.
plt.axis('image')
# 화면 비율 조정
fig = plt.figure(2)
# 그림창(2) 활성화
ax = fig.gca(projection='3d')
# 좌표축을 3차원으로 설정
x = np.linspace(0,nx,nx+1)
```

```
# 임의의 벡터 선언, 변수 x에 0부터 nx까지 균일한 간격의 (1 × nx+1)벡터 할당
y = np.linspace(0,ny,ny+1)
# 임의의 벡터 선언, 변수 y에 0부터 ny까지 균일한 간격의 (1 × ny+1)벡터 할당
X,Y = np.meshgrid(x,y)
# 그리드 포인트의 x 값 행렬과 y 값 행렬 두 개로 분리하여 출력
ax.plot_wireframe(X,Y,fire.T)
# 생성된 행렬을 그래프로 출력
ax.scatter(m,n,color='b')
plt.axis('tight')
# 화면에 그래프가 꽉 차도록 조정
plt.show()
# 화면에 표시
```

코드결과

```
Minimum value of fire =  570.0
Index of min(fire) with axis row =  10
Index of min(fire) with axis colum =  13
```

(0,0), (1,0), ... , (18,0), (1,0), ... , (18,25) 총 19×25개의 각 점들로부터 50개의 동그라미 모양의 점과의 거리의 총합을 z값으로 하여 3차원 상에 표현한 그림이다. 사각형 모양의 점은 50개의 점으로부터 최단거리를 가진 점이고 최적의 소방서 위치이다.

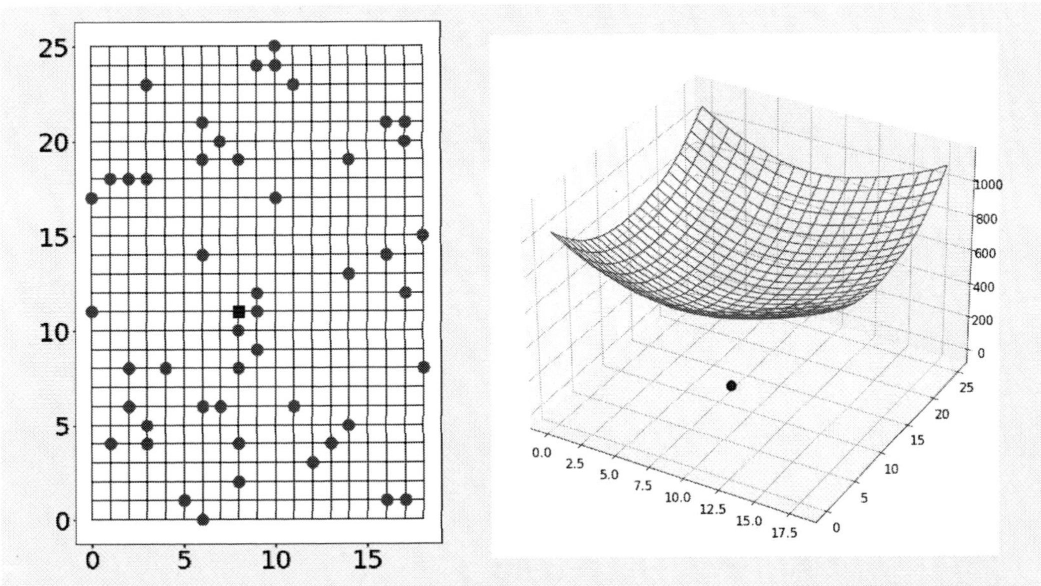

Section 11 더 생각해볼 문제

1. 마을에 호수가 있다. 원하는 위치로 가기 위해서 우회도로를 선택해야 하는 경우는 프로그램을 어떻게 수정해야 할까?

2. 택시거리가 아니라 유클리디안 거리를 사용한다면 어떻게 될까?
즉, 두 점 $A(x_1, y_1)$와 $B(x_2, y_2)$ 사이의 최단거리를 다음 공식을 사용하면 어떻게 될까?

$$d = \sqrt{(x_1 - x_2)^2 + (y_1 - y_2)^2}$$

3. 거리의 총합의 최솟값이 아니라 거리의 제곱의 합이 최솟값이 되도록 하면 소방서의 위치는 어떻게 될까?

Part
02

python™

골드바흐의 추측

Section 1 목표

천 번째 소수는 무엇일까? 숫자 985564500을 소인수분해 하면 어떻게 될까? 영화 [박사가 사랑한 수식]을 보면 친화수(Amicable number, 우애수)가 나오는데, 직접 프로그램을 작성해서 확인할 수 있을까? 이렇게 직접 손으로 계산하기가 힘든 수론에 관한 문제들을 컴퓨터 프로그램을 이용하여 계산하고 자신만의 알고리즘을 작성하는 방법을 알아보자.

Section 2 피보나치 수열

피보나치 수열은 첫 번째 항과 두 번째 항의 값이 1이고 이후의 항들은 이전의 두 항을 더한 값으로 정의되는 수열이다. 이 수열은 12세기 말 이탈리아 수학자 레오나르도 피보나치가 제안한 수열로 한 쌍의 토끼가 새끼를 계속 낳을 경우 토끼의 수를 나타낸 것이다. 토끼 쌍을 숫자로 나타내면 다음과 같다. 1, 1, 2, 3, 5, 8, 13, 21, 34, ... 파보나치 수열은 아래의 점화식으로 정의되는 수열이다.

$$F_1 = F_2 = 1,$$

$$F_n = F_{n-1} + F_{n-2}, \quad n \geq 3 \quad \text{일 때}$$

이 수열의 20항까지를 프로그램을 작성하여 구해보자.

코드명: Fibonacchi.ipynb

```
import numpy as np
import matplotlib.pyplot as plt
F = np.array([1,1])
n = 10
print('F(1) =',F[0])
```

```
print('F(2) =',F[1])
for i in range(2,n):
    F = np.hstack((F,F[i-1]+F[i-2]))
    print('F(%d) = %d'%(i+1, F[i]))
plt.plot(F,color='k',marker='o')
plt.show()
```

코드설명

```
import numpy as np
import matplotlib.pyplot as plt
F = np.array([1,1])
# 피보나치 수열의 첫째항과 둘째항을 배열로 할당
n = 10
# 전체 수열의 항수
print('F(1) =',F[0])
# 명령문 창에 첫째항 출력
print('F(2) =',F[1])
# 명령문 창에 둘째항 출력
for i in range(2,n):
    F = np.hstack((F,F[i-1]+F[i-2]))
# 피보나치수열의 점화식으로 F(3), F(4), ... , F(n) 을 구함
    print('F(%d) = %d'%(i+1, F[i]))
# i번째 수열 F(i)를 출력
plt.plot(F,color='k',marker='o')
# 피보나치수열을 그래프로 그리기, 각 수열의 값을 'o'로 표시
plt.show()
```

```
# 화면에 표시
```

코드결과

```
F(1) = 1
F(2) = 1
F(3) = 2
F(4) = 3
F(5) = 5
F(6) = 8
F(7) = 13
F(8) = 21
F(9) = 34
F(10) = 55
```

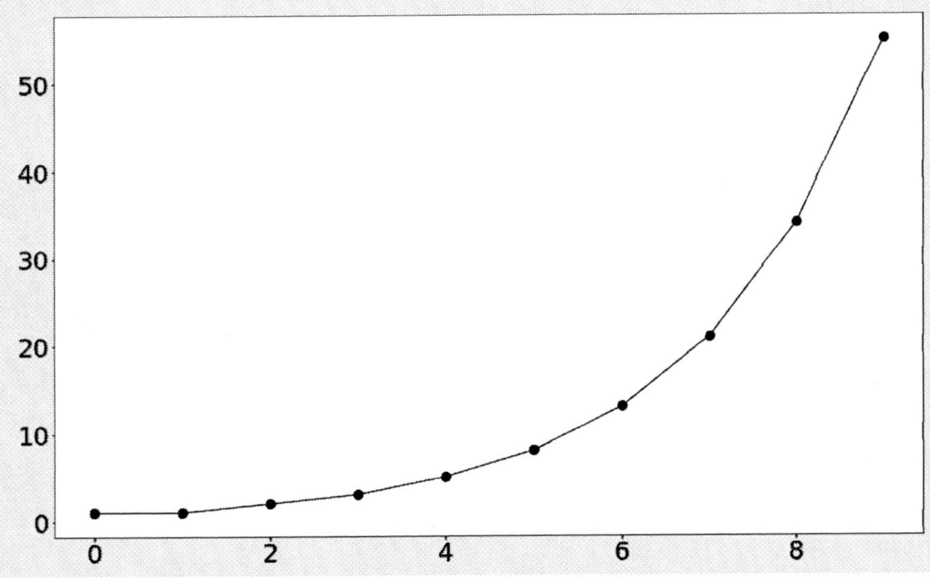

Section 3 공약수

공약수(common divisor)는 두 정수의 공통된 약수이다.

코드명: CommonDivisor.ipynb

```
x = 30816; y = 81696;
print('x =',x,'y =',y)
for divisor in range(1,min(x,y)+1):
    if (x%divisor)==0 and (y%divisor)==0:
        print(divisor)
```

코드설명

```
x = 30816; y = 81696;
# 임의의 두 자연수
print('x =',x,'y =',y)
# 임의의 두 자연수 출력
for divisor in range(1,min(x,y)+1):
# 공약수를 찾기 위해 1부터 x와 y 중 더 작은 수까지 반복
    if (x%divisor)==0 and (y%divisor)==0:
# x%divisor는 x를 divisor로 나눈 나머지이며 나머지가 '0'이고,
# y%divisor는 y를 divisor로 나눈 나머지이며 나머지가 '0'이라면
        print(divisor)
# 공약수 divisor를 출력
```

코드결과

```
x = 30816 y = 81696
1
```

```
2
3
4
6
8
12
16
24
32
48
96
```

Section 4 최대공약수

최대공약수(最大公約數, greatest common divisor, GCD)는 공약수 가운데 가장 큰 수이다.

코드명: GCommonDivisor.ipynb

```python
x = 30816; y = 81696;
print('x =',x,'y =',y)
for gcdivisor in range(min(x,y),0,-1):
    if (x%gcdivisor)==0 and (y%gcdivisor)==0:
        print('Greatest Common Divisor =',gcdivisor)
        break
```

코드설명

```
x = 30816; y = 81696;
# 임의의 두 자연수
print('x =',x,'y =',y)
# 임의의 두 자연수 출력
for gcdivisor in range(min(x,y),0,-1):
# 최대공약수를 찾기 위해 x와 y 중 작은 수부터 1까지 1씩 줄여가며 반복
    if (x%gcdivisor)==0 and (y%gcdivisor)==0:
# x와 y를 동시에 나누는 최초의 수가 최대공약수
        print('Greatest Common Divisor =',gcdivisor)
# 최대공약수 출력
        break
# 더 이상 반복하지 않고 반복문(for)를 빠져나옴
```

코드결과

```
x = 30816 y = 81696
Greatest Common Divisor = 96
```

Section 5 최소공배수

최소공배수(最小公倍數, least common multiple, LCM)는 공배수 중 가장 작은 수이다. 두 수의 최소공배수는 두 수중에 큰 수보다 같거나 크고 두 수의 곱의 값보다 작거나 같다.

코드명: LCommonMultiple1.ipynb

```
x = 30816; y = 81696;
print('x =',x,'y =',y)
for i in range(max(x,y),x*y+1):
    if i%x==0 and i%y==0:
        print('Least Common Multiple =',i)
        break
```

코드설명

```
x = 30816; y = 81696;
# 임의의 두 자연수
print('x =',x,'y =',y)
# 임의의 두 자연수 출력
for i in range(max(x,y),x*y+1):
# x, y중 큰 수부터 x*y까지 반복
    if i%x==0 and i%y==0:
# i가 x와 y에 동시에 나누어지는 경우
        print('Least Common Multiple =',i)
# 최소공배수를 출력한다.
        break
# 첫 번째로 경우를 구하면 반복문(for)을 빠져나옴
```

코드결과

```
x = 30816 y = 81696
Least Common Multiple = 26224416
```

두 수와 최대공약수 그리고 최소공배수와의 관계식을 이용하여 좀 더 빠르게 최소공배수를 구할 수 있다. 두 수 x, y의 최대공약수를 c라 하면 두 수는 다음과 같이 나타낼 수 있다.

$$x = ac, \quad y = bc$$

여기서, a, b는 공약수가 1뿐인 서로소이다.

따라서 최소공배수는 $LCM = abc = \frac{acbc}{c} = \frac{xy}{c}$로 구할 수 있다.

코드명: LCommonMultiple2.ipynb

```
x = 30816; y = 81696;
print('x =',x,'y =',y)
for gcdivisor in range(min(x,y),1,-1):
    if x%gcdivisor==0 and y%gcdivisor==0:
        print('Least Common Multiple =',x*y/gcdivisor)
        break
```

코드명: LCommonMultiple2.ipynb

```
x = 30816; y = 81696;
print('x =',x,'y =',y)
for gcdivisor in range(min(x,y),1,-1):
    if x%gcdivisor==0 and y%gcdivisor==0:
        print('Least Common Multiple =',x*y/gcdivisor)
        break
```


코드결과

```
x = 30816 y = 81696
Least Common Multiple = 26224416.0
```

Section 6 에라토스테네스의 체

에라토스테네스의 체 (Sieve of Eratosthenes)는 소수를 찾는 간단한 방법이다. 고대 그리스 수학자 에라토스테네스가 발견하였다. 이 방법은 마치 체로 치듯이 수를 걸러낸다고 하여 '에라토스테네스의 체'라고 부른다.

예를 들어, 아래와 같이 1부터 100까지의 자연수가 있다고 하자. 1은 소수가 아니므로 체크하고 2부터 시작하여 2보다 큰 2의 배수는 모두 체크를 한다. 그런 다음 3보다 큰 3의 배수를 모두 체크를 한다. 이런 방법으로 100보다 1작은 99까지 진행한 뒤 체크가 안 된 수들이 소수이다. 아래의 수들로 직접 해보자.

1	2	3	4	5	6	7	8	9	10
11	12	13	14	15	16	17	18	19	20
21	22	23	24	25	26	27	28	29	30
31	32	33	34	35	36	37	38	39	40
41	42	43	44	45	46	47	48	49	50
51	52	53	54	55	56	57	58	59	60
61	62	63	64	65	66	67	68	69	70
71	72	73	74	75	76	77	78	79	80
81	82	83	84	85	86	87	88	89	90
91	92	93	94	95	96	97	98	99	100

코드명: Eratosthenes.ipynb

```
import numpy as np
n = 100
x = np.ones([n,1])
x[0] = 0
for i in range(2,n):
    for j in range(i+1,n+1):
        if j%i == 0:
            x[j-1] = 0
for i in range(0,n):
    if x[i]==1:
        prime = i+1
        print('prime =',prime)
TotalNumber = int(np.sum(x))
print('The nuber of prime :',TotalNumber)
```

코드설명

```
import numpy as np
n = 100
# 1부터 100 까지의 숫자 중에 소수를 찾기위해 n에 100을 할당
x = np.ones([n,1])
# x는 모든 원소의 값이 1인 (n x 1)벡터
x[0] = 0
# 1은 소수가 아니므로 0으로 세팅, 파이썬은 인덱스가 '0'부터 시작
for i in range(2,n):
```

```
# 나누는 수를 2부터 n-1을 사용
    for j in range(i+1,n+1):
# 체크할 대상 수는 i보다 1큰 수부터 n까지로함
        if j%i == 0:
# j가 i로 나누어떨어지는지 체크
            x[j-1] = 0
# 나누어떨어지는 경우 x(j-1)의 값을 0으로 세팅
for i in range(0,n):
    if x[i]==1:
        prime = i+1
        print('prime =',prime)
# 숫자 i+10이 소수이면 명령문 창에 출력
TotalNumber = int(np.sum(x))
# 1부터 n까지의 수중에서 소수의 개수를 구함
print('The nuber of prime :',TotalNumber)
# 1부터 n까지의 수중에서 소수의 개수 출력
```

코드결과

```
prime = 2
prime = 3
prime = 5
prime = 7
prime = 11
prime = 13
prime = 17
```

```
prime = 19
prime = 23
prime = 29
prime = 31
prime = 37
prime = 41
prime = 43
prime = 47
prime = 53
prime = 59
prime = 61
prime = 67
prime = 71
prime = 73
prime = 79
prime = 83
prime = 89
prime = 97
The nuber of prime : 25
```

n이 작은 경우에는 위의 알고리즘이 괜찮으나 n이 큰 경우에는 계산속도가 느리다. 좀 더 빠른 알고리즘은 다음 부분을

```
for i in range(2,n):
```

아래와 같이 변경하는 것이다.

```
for i in range(2,int(np.sqrt(n))):
```

새로운 방법이 왜 되는지에 대해서는 곰곰이 생각해보자. 여기서 [m] 기호는 m을 넘지 않는 가장 큰 정수이다. 파이썬에서는 math 모듈의 floor() 명령어를 사용한다.

코드명: Eratosthenes2.ipynb

```
import numpy as np
n = 100
x = np.ones([n,1])
x[0] = 0
N = int(np.sqrt(n))
for i in range(2,N):
    for j in range(i+1,n+1):
        if j%i == 0:
            x[j-1] = 0
for i in range(0,n):
    if x[i]==1:
        prime = i+1
        print('prime =',prime)
TotalNumber = int(np.sum(x))
print('The nuber of prime :',TotalNumber)
```

코드설명

```
import numpy as np
n = 100
# 1부터 100 까지의 숫자 중에 소수를 찾기 위해 n에 100을 할당
x = np.ones([n,1])
# x는 모든 원소의 값이 1인 (n × 1)벡터
```

```
x[0] = 0
# 1은 소수가 아니므로 0으로 세팅,파이썬은 인덱스가 '0'부터 시작
for i in range(2,n):
# 나누는 수를 2부터 n-1을 사용
    for j in range(i+1,n+1):
# 체크할 대상 수는 i보다 1큰 수부터 n까지로함
        if j%i == 0:
# j가 i로 나누어떨어지는지 체크
            x[j-1] = 0
# 나누어떨어지는 경우 x(j-1)의 값을 0으로 세팅
for i in range(0,n):
    if x[i]==1:
        prime = i+1
        print('prime =',prime)
# 숫자 i+1이 소수이면 명령문 창에 출력
TotalNumber = int(np.sum(x))
# 1부터 n까지의 수중에서 소수의 개수를 구함
print('The nuber of prime :',TotalNumber)
# 1부터 n까지의 수 중에서 소수의 개수 출력
```

코드결과

```
prime = 2
prime = 3
prime = 5
prime = 7
prime = 11
```

```
prime = 13
prime = 17
prime = 19
prime = 23
prime = 29
prime = 31
prime = 37
prime = 41
prime = 43
prime = 47
prime = 53
prime = 59
prime = 61
prime = 67
prime = 71
prime = 73
prime = 79
prime = 83
prime = 89
prime = 97
The nuber of prime : 25
```

Section 7 소수 판별하기

소수 P는 1과 P만을 약수로 가진다. 따라서 2부터 $P-1$까지의 수로는 나눠져서는 안 된다. 다음은 주어진 수 q가 소수인지 아닌지를 판별하는 알고리즘이다.

코드명: PrimeOrNot.ipynb

```
q=234613
flag=1
for i in range(2,q):
    if q%i == 0:
        printf('%d is not a prime number'%(q))
        flag=0
        break
if flag == 1:
    print('%d is a prime number'%(q))
```

코드설명

```
q = 234613
# 임의의 자연수
flag = 1
# q가 소수인지 아닌지를 알려주는 수
for i in range(2,q):
# q를 나눌 수
    if q%i == 0:
# q가 i로 나누어떨어지는지를 판별
        print('%d is not a prime number'%(q))
```

```
# q가 소수가 아니라고 출력
        flag = 0
# q가 소수가 아니라고 저장
        break
# q가 소수가 아니므로 반복문(for)을 빠져나옴
if flag == 1:
# q가 2부터 q-1까지의 수로 나누어떨어지지 않으면
# flag=1로 그대로 유지가 되었으므로 q는 소수
    print('%d is a prime number'%(q))
# q가 소수라고 출력
```

코드결과

```
234613 is a prime number
```

Section 8 몇 번째 소수 찾기

5000번째 소수는 무엇일까?

코드명: PrimeOrNot2.ipynb

```
import numpy as np
count=1; x=5000; q=3;
while count<x:
    flag=1
    for i in range(2,int(np.sqrt(q))+1):
            if q%i==0:
                flag=0
                break
    if flag==1:
        count=count+1
    q=q+2
print('%d번째 소수는 %d 이다.'%(count,q-2))
```

코드설명

```
import numpy as np
count=1; x=5000; q=3;
# count를 1부터 시작, 5000번째 소수를 찾기, 가장 작은 홀수 소수부터 시작
while count<x:
# count가 x보다 작으면 아래 명령어 반복 실행
    flag=1
# q가 소수인지 아닌지를 알려주는 수, 1이면 소수 0이면 합성수
```

```
    for i in range(2,int(np.sqrt(q))+1):
# 소수 판정법 참고
            if q%i==0:
                flag=0
                break
    if flag==1:
        count=count+1
# 소수가 나올 때 count를 1씩 더함
    q=q+2
# 소수 중 짝수는 2만 있으므로 3이후 홀수만 체크
print('%d번째 소수는 %d 이다.'%(count,q-2))
# x번째 소수를 출력
```

코드결과

```
5000번째 소수는 48611 이다.
```

Section 9 소인수 분해

소인수 분해(prime factorization)는 합성수를 소수의 곱으로 나타내는 방법을 말한다. 합성수(合成數, composite number)는 1과 자기 자신이 아닌 다른 자연수의 곱으로 나타낼 수 있는 자연수를 의미한다. 1보다 큰 모든 정수는 소수이거나 합성수이다.

코드명: PrimeFactorization.ipynb

```
import numpy as np
n = 985564500
q = 2
x = np.array([],dtype=int)
while q <= n:
    if n%q == 0:
        n = n/q
        x = np.hstack((x,q))
    else:
        q += 1
print(x)
s = 1
for i in range(0,len(x)):
    s *= x[i]
print(s)
```

코드설명

```
import numpy as np
n = 985564500      # 임의의 수
```

```
q = 2
# 소인수 분해 알고리즘의 처음 적용하는 수
x = np.array([],dtype=int)
# 소인수저장할 공간을 정수형으로 생성
while q <= n:
    if n%q == 0:
        n = n/q
# 나누어 떨어지면 주어진 수를 q로 나눈다.
        x = np.hstack((x,q))
# 변수 x에 q를 추가 저장
    else:
        q += 1
# q가 n을 나누지 못하면 q를 q+1로 대체한다.
print(x)
# 소인수 출력
s = 1
for i in range(len(x)):
# 변수 x의 모든 원소 곱을 구함
    s *= x[i]
print(s)    # 변수 x의 모든 원소 곱 출력
```

코드결과

```
[   2   2   3   5   5   5   79   8317]
985564500
```

Section 10 친화수

친화수(親和數, Amicable numbers, 친애수)는 두 수의 쌍이 있어, 어느 한 수의 진약수(약수 중 자기 자신을 제외한 것)를 모두 더하면 다른 수가 되는 것을 말한다. 예를 들어 220과 284는 친화수이다. 220의 진약수는 1, 2, 4, 5, 10, 11, 20, 22, 44, 55, 110이고 모두 더하면 284가 된다. 반대로 284의 모든 진약수 1, 2, 4, 71, 142를 모두 더하면 220이 된다.

코드명: AmicableNumber.ipynb

```
n = 3000
for i in range(2,n+1):
    x = 0
    for j in range(1,i):
        if i%j == 0:
            x += j
    if x > 1:
        y = 0
        for j in range(1,x):
            if x%j == 0:
                y += j
        if i == y and x > i:
            print(i,x)
```

코드설명

```
n = 3000     # 3000까지의 친화수를 구한다.
for i in range(2,n+1):
# 2부터 n까지의 수들 중에서 친화수를 체크한다.
```

```
    x = 0     # i의 진약수들을 전부 더하기 위해서 0으로 초기화
    for j in range(1,i):
# i의 진약수를 구하기 위해서 1부터 i-1까지 검토
        if i%j == 0:
# j가 i의 약수인지를 검토하고 약수를 누적해서 합해줌
            x += j
    if x > 1:
# x가 1이면 i는 소수임으로 친화수가 될 수 없다. i가 소수가 아니라면 계속 진행
        y = 0     # x의 상대 친화수를 체크하기 위해서 y를 0으로 할당
        for j in range(1,x):
# x의 진약수를 구하기 위해서 1부터 x-1까지 검토
            if x%j == 0:
# j가 x의 약수인지를 검토
                y += j
# 약수를 누적해서 합해줌
        if i == y and x > i:
# i와 i의 진약수의 합인 x의 진약수의 합 y가 같고 x가 i보다 크다면 친화수 쌍을 출력
            print(i,x)
```

코드결과

```
220 284
1184 1210
2620 2924
```

Section 11 완전수

완전수(完全數, Perfect number)는 자기 자신을 제외한 약수를 더했을 때 자기 자신이 되는 수이다.

코드명: PerfectNumber.ipynb

```
n = 10000
for i in range(2,n+1):
    x = 0
    for j in range(1,i):
        if i%j == 0:
            x += j
    if i == x:
        print(i)
```

코드설명

```
n = 10000
# 10000까지 수들 중에서 완전수를 찾기
for i in range(2,n+1):
# 2부터 n까지의 수들 중에서 완전수를 체크한다.
    x = 0
# i의 진약수들을 전부 더하기 위해서 0으로 초기화
    for j in range(1,i):
# j가 i의 약수인지를 검토한다.
        if i%j == 0:
            x += j
```

```
# 약수를 누적해서 합해줌
    if i == x:
# 만약 i와 i의 진약수들을 모수 합한 값이 같으면
        print(i)
# 진약수 i를 출력
```

코드결과

```
6
28
496
8128
```

Section 12 부부수

부부수(夫婦數, Betrothed numbers)는 두 수의 쌍이 있어, 어느 한 수의 1을 제외한 진약수를 모두 더하면 다른 수가 되는 것을 말한다. 예를 들어 48의 진약수 중 1을 제외한 진약수들의 합이 2+3+4+6+8+12+16+24=75이고, 75의 진약수 중 1을 제외한 진약수들의 합이 3+5+15+25=48이 되는데, 이런 경우를 부부수라고 한다.

코드명: BetrothedNumber.ipynb

```
n = 2000
for i in range(2,n+1):
    x = 0
    for j in range(2,i):
        if i%j == 0:
            x += j
    if x 〉 0:
        y = 0
        for j in range(2,x):
            if x%j == 0:
                y += j
        if i == y and x 〉 i:
            print(i,x)
```

코드설명

```
n = 2000
# 2000까지 수들 중에서 부부수를 찾기
for i in range(2,n+1):
```

```
# 2부터 n까지의 수들 중에서 부부수를 체크
    x = 0
# i의 진약수들을 전부 더하기 위해서 0으로 초기화
    for j in range(2,i):
# i의 1을 제외한 진약수를 구하기 위해서 2부터 i-1까지 검토
        if i%j == 0:     # j가 i의 약수인지를 검토
            x += j     # 약수를 누적해서 합해줌
    if x > 0:
# x가 0이면 i는 소수임으로 i가 소수가 아니라면 계속진행
        y = 0
# x의 상대 부부수를 체크하기 위해서 y를 0으로 할당
        for j in range(2,x):
# x의 1이 아닌 진약수를 구하기 위해서 2부터 x-1까지 검토
            if x%j == 0:     # j가 x의 약수인지를 검토
                y += j     # 약수를 누적해서 합해줌
        if i == y and x > i:
            print(i,x)
# i와 i의 1을 제외한 진약수의 합인 x와 x의 1을 제외한 진약수의 합 y가 같고 x가 i보다 크다면 부부수 쌍을 출력
```

코드결과

```
48 75
140 195
1050 1925
1575 1648
```

Section 13 쌍둥이 소수

쌍둥이 소수(twin prime)는 두 수의 차가 2인 소수의 쌍, 즉 (p, p+2)이다.

코드명: TwinPrime.ipynb

```
import numpy as np
n = 100
y = np.ones((n,1))
y[0] = 0
N = int(np.sqrt(n))
for i in range(2,N+1):
    for j in range(i+1,n+1):
        if j%i == 0:
            y[j-1] = 0
z = np.array([],dtype=int)
for i in range(n):
    if y[i] == 1:
        z = np.hstack((z,i+1))
for i in range(0,len(z)-1):
    if z[i+1] - z[i] == 2:
        print(z[i],z[i+1])
```

코드설명

```
import numpy as np
n = 100    # 자연수 100까지 수들 중에서 쌍둥이 소수를 찾는다.
y = np.ones((n,1))
```

```
y[0] = 0    # 소수이면 1 소수가 아니면 0
for i in range(2,int(np.sqrt(n))+1):
# i가 2부터 시작해서 floor(sqrt(n)) 까지 반복
    for j in range(i+1,n+1):
# i의 배수들은 모두 소수가 아니므로 y를 0으로 할당
        if j%i == 0:
            y[j-1] = 0
z = np.array([],dtype=int)    # 소수 저장할 공간을 정수형으로 생성
for i in range(n):
    if y[i] == 1:
# i번째 수가 소수이면 z에 저장하고 인덱스를 하나 크게 함
        z = np.hstack((z,i+1))
for i in range(0,len(z)-1):
# 쌍둥이 수를 찾기위해 루프를 사용함
    if z[i+1] - z[i] == 2:
        print(z[i],z[i+1])          # 두 소수의 차가 2이면 출력
```

코드결과

```
3 5
5 7
11 13
17 19
29 31
41 43
59 61
71 73
```

Section 14 사촌 소수

사촌 소수(cousin prime)은 두 수의 차가 4인 소수의 쌍, 즉 (p, p+4)이다. 100 이하의 사촌 소수를 구해보자.

코드명: CousinPrime.ipynb

```
import numpy as np
n = 100
y = np.ones((n,1))
y[0] = 0
for i in range(2,int(np.sqrt(n))+1):
    for j in range(i+1,n+1):
        if j%i == 0:
            y[j-1] = 0
z = np.array([],dtype=int)
for i in range(n):
    if y[i] == 1:
        z=np.hstack((z,i+1))
for i in range(0,len(z)-1):
    if z[i+1] - z[i] == 4:
        print(z[i],z[i+1])
```

코드설명

```
import numpy as np
n = 100     # 자연수 100까지 수들 중에서 쌍둥이 소수를 찾는다.
y = np.ones((n,1))
y[0] = 0     # 소수이면 1 소수가 아니면 0
```

```
for i in range(2,int(np.sqrt(n))+1):
# i가 2부터 시작해서 floor(sqrt(n)) 까지 반복
    for j in range(i+1,n+1):
# i의 배수들은 모두 소수가 아니므로 y를 0으로 할당
        if j%i == 0:
            y[j-1] = 0
z = np.array([],dtype=int)
# 소수 저장할 공간을 정수형으로 생성
for i in range(n):
    if y[i] == 1:
# i번째 수가 소수이면 z에 저장하고 인덱스를 하나 크게 함
        z=np.hstack((z,i+1))
for i in range(0,len(z)-1):
# 사촌 수를 찾기 위해 루프를 사용함
    if z[i+1] - z[i] == 4:
        print(z[i],z[i+1])          # 두 소수의 차가 4이면 출력
```

코드결과

```
7 11
13 17
19 23
37 41
43 47
67 71
79 83
```

Section 15 콜라츠의 추측(Collatz's conjecture)

임의의 자연수는 짝수라면 2로 나누고, 홀수이면 3을 곱하고 1을 더하기를 반복하면 결국에는 1이 된다.

코드명: Collatzconjecture.ipynb

```
n=10
m=3
count=0
while n>1:
    if n%2==0:
        n=n/2
    else:
        n=m*n+1
    count=count+1
    print('n =',n)
print('count =',count)
```

코드설명

```
n=10
# 시작하는 수를 n이라고 한다
m=3
# n이 홀수일 때 곱하는 수
count=0
# 개수를 알기위해 count를 0에서 루프를 돌때마다1씩 카운트
while n>1:
    if n%2==0:
```

```
# 짝수는 2로 나누어지므로 n을 2로 나누어 본다, 즉 짝수인 것을 알 수 있다.
        n=n/2
# n을 2로나눈다.
    else:
        n=m*n+1
# m 곱하기 n에 +1을 한다.
    count=count+1
    print('n =',n)
# count를 출력한다.
print('count =',count)
# count를 출력한다.
```

코드결과

```
n = 5.0
n = 16.0
n = 8.0
n = 4.0
n = 2.0
n = 1.0
count = 6
```

Section 16 피타고라스의 수

피타고라스 정리 $a^2+b^2=c^2$에서 a,b,c에 해당되는 수의 쌍을 말한다.

코드명: Pythagorasnumber.ipynb

```
import numpy as np
n=25
count=0
for a in range(1,n+1):
    for b in range(a,n+1):
        c=np.sqrt(a**2+b**2)
        if int(c)==c:
            count+=1
            print(count,':',a,b,int(c))
```

코드설명

```
import numpy as np
n=25
count=0
# 개수를 세기위해서 count를 0으로 할당
for a in range(1,n+1):
# a의 범위는 1부터 n까지이다
    for b in range(a,n+1):
# a,b,c가 겹치지 않기 위해서 b는 a부터n까지 수
        c=np.sqrt(a**2+b**2)
```

c는 피타고라스 정리 $a^2+b^2=c^2$에 의해 $c=\sqrt{a^2+b^2}$가 된다.

```
        if int(c)==c:
# c를 버림하여 c가되면 정수이므로 저장
            count+=1
            print(count,':',a,b,int(c))
# count번째 a,b,c를 출력
```

코드결과

```
1 : 3 4 5
2 : 5 12 13
3 : 6 8 10
4 : 7 24 25
5 : 8 15 17
6 : 9 12 15
7 : 10 24 26
8 : 12 16 20
9 : 15 20 25
10 : 18 24 30
11 : 20 21 29
```

Section 17 골드바흐의 추측

골드바흐의 추측 "2보다 큰 모든 짝수는 두 소수의 합으로 나타낼 수 있다"를 확인하는 코드를 작성해 보자.

코드명: GoldbachConjecture.ipynb

```
import numpy as np
n = 100
x = np.ones((n,1))
x[0] = 0
for i in range(2,int(np.sqrt(n))+1):
    for j in range(i+1,n+1):
        if j%i == 0:
            x[j-1] = 0
g = np.array([],dtype=int)
for i in range(n):
    if x[i] == 1:
        g=np.hstack((g,i+1))
for i in range(len(g)):
    for j in range(i,len(g)):
        if n == g[i] + g[j]:
            print(g[i],g[j])
```

코드설명

```
import numpy as np
n = 100
# 두 개의 소수의 합으로 나타낼 수
x = np.ones((n,1))
x[0] = 0
# 1부터 n까지 수 중에서 소수이면 1 아니면 0
for i in range(2,int(np.sqrt(n))+1):
# 소수 체크는 floor(sqrt(n))의 배수만 하면 됨
    for j in range(i+1,n+1):
# i보다 1큰 수부터 n까지 체크
        if j%i == 0:
# 만약에 j가 i의 배수이면
            x[j-1] = 0
# 소수가 아님
g = np.array([],dtype=int)
# 소수 저장할 공간을 정수형으로 생성
for i in range(n):
    if x[i] == 1:
# 만약에 i가 소수이면
        g=np.hstack((g,i+1))
# g에 해당 소수를 저장
for i in range(len(g)):
# 모든 가능한 소수의 조합을 고려함
```

```
    for j in range(i,len(g)):
# 대칭되는 해는 제외하기 위해서 j는 i와 같거나 큰 인덱스만 고려함
        if n == g[i] + g[j]:
            print(g[i],g[j])
# 두 소수의 합이 주어진 n과 같으면 결과 출력
```

코드결과

```
3 97
11 89
17 83
29 71
41 59
47 53
```

Section 18 골드바흐의 추측 응용

3개의 소수의 합으로 5보다 큰 모든 자연수를 만들 수 있다.

코드명: GoldbachConjecture2.ipynb

```
import numpy as np
n=100
x=np.ones((n,1))
x[0]=0
for i in range(2,int(np.sqrt(n))+1):
    for j in range(i+1,n+1):
        if j%i==0:
            x[j-1]=0
g = np.array([],dtype=int)
for i in range(n):
    if x[i]==1:
        g=np.hstack((g,i+1))
count=0
for i in range(len(g)):
    for j in range(i,len(g)):
        for k in range(j,len(g)):
            if n==g[i]+g[j]+g[k]:
                count+=1
                print(count,':',g[i],g[j],g[k])
```

코드설명

```
import numpy as np
n=100
# 두 개의 소수의 합으로 나타낼 수
x=np.ones((n,1))
x[0]=0
# 1부터 n까지 수 중에서 소수이면 1 아니면 0
for i in range(2,int(np.sqrt(n))+1):
# 소수 체크는 floor(sqrt(n))의 배수만 하면 됨
    for j in range(i+1,n+1):
# i보다 1큰 수부터 n까지 체크
        if j%i==0:
# 만약에 j가 i의 배수이면
            x[j-1]=0
# j는 소수가 아니므로 0으로 할당
g = np.array([],dtype=int)
# 소수 저장할 공간을 정수형으로 생성
for i in range(n):
    if x[i]==1:
# 만약에 i가 소수이면
        g=np.hstack((g,i+1))
# g에 해당 소수를 저장
count=0
# 개수를 세기위해서 count를 0으로 할당
for i in range(len(g)):
# 모든 가능한 소수의 조합을 고려함
```

```
    for j in range(i,len(g)):
# 대칭되는 해는 제외하기 위해서 j는 i와 같거나 큰 인덱스만 고려함
        for k in range(j,len(g)):
# 대칭되는 해는 제외하기 위해서 k는 j와 같거나 큰 인덱스만 고려함
            if n==g[i]+g[j]+g[k]:
                count+=1
                print(count,':',g[i],g[j],g[k])
# 세 소수의 합이 주어진 n과 같으면 결과 출력,
# 세 개의 소수의 순서와는 상관없으므로 오름차순으로 배열
```

코드결과

```
1 : 2 19 79
2 : 2 31 67
3 : 2 37 61
```

[참고 문헌]

[1] 박경미의 수학 N, 박경미 지음, 동아시아, 2016.

[2] 박경미의 수학 콘서트 플러스, 박경미 지음, 동아시아, 2013.

[3] 수학비타민 플러스, 박경미 지음, 김영사, 2009.

[4] 중1수학(상) 파이썬 프로그래밍, 정기철 지음, 홍릉과학출판사, 2017.

[5] 위키백과, https://ko.wikipedia.org/wiki

[6] 코딩수학 1 최적의 소방서 위치 정하기, 김성기, 최용호, 김지원, 김준석 공저, 이모션북스, 2017.

[7] 코딩수학 2 골드바흐의 추측, 김준석, 김광일 공저, 이모션북스, 2017.

[8] 이승훈 교수의 실용수학, 이승훈, 경문사, 2018.

[9] 박경미의 수학 콘서트, 박경미, 동아시아, 2006.

Part
03

python™

파이썬(Python) 설치

Section 1 내 컴퓨터 운영체제 알아보기

파이썬은 공식 홈페이지를 통해 다운로드 및 설치를 할 수 있지만, 패키지를 편리하게 사용하기 위해 아나콘다를 설치하여 주피터 노트북을 사용할 것이다.

내 컴퓨터의 운영체제를 확인하기 위해 제어판에서 시스템을 더블 클릭한다.

위 그림에서 운영체제의 비트 수를 확인할 수 있다. 64비트 운영체제로 되어있다.

Section 2 프로그램 다운로드

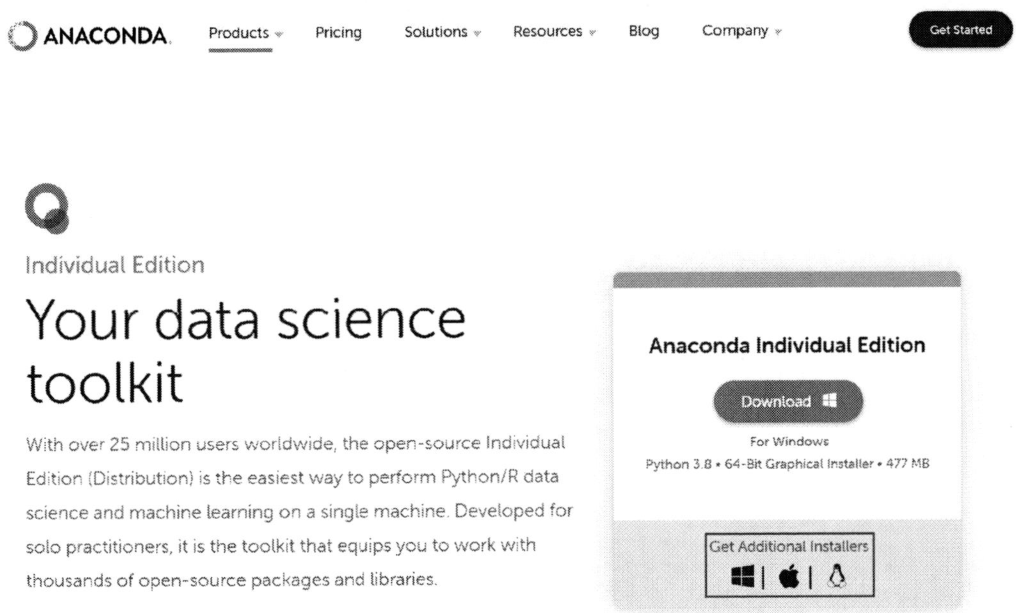

아나콘다(Anaconda) 홈페이지(https://www.anaconda.com/products/individual)에 접속하여 웹페이지 아랫부분에 다음과 같은 'Anaconda Installers' 부분에서 본인의 PC에 맞는 운영체제를 선택한다. 이 책에서는 Python 3.8 '64-Bit Graphical Installer (477 MB)'를 다운로드하여 사용하였다.

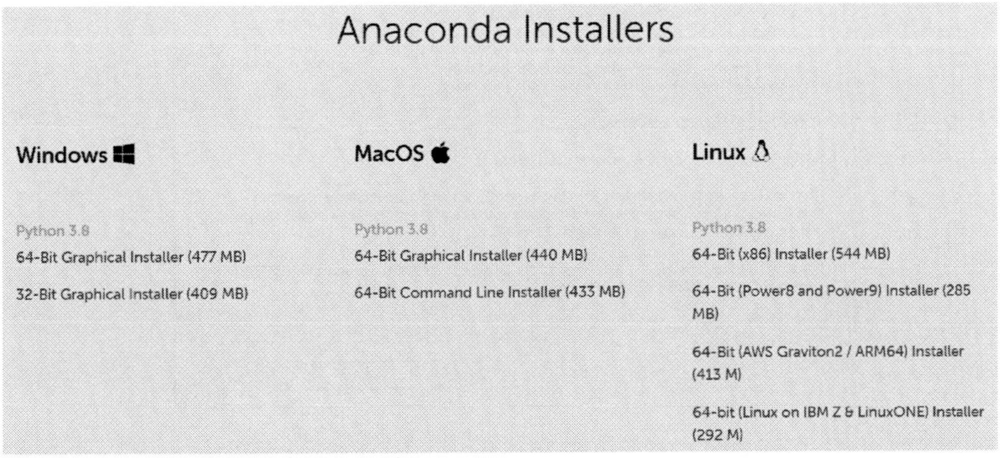

Section 3 프로그램 설치

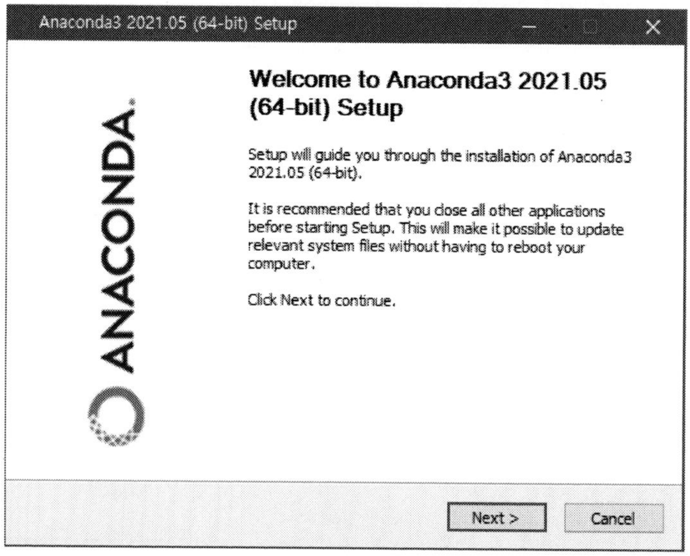

다운로드한 파일 Anaconda3-2021.05-Windows-x86_64.exe을 더블클릭하여 실행한다. [Next >]를 클릭한다.

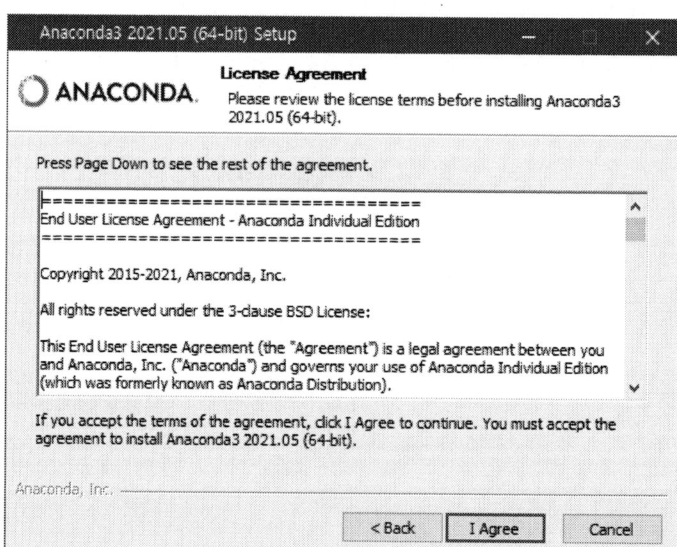

프로그램 라이센스의 약관에 대해 동의하는 내용이다. [I Agree]를 클릭한다.

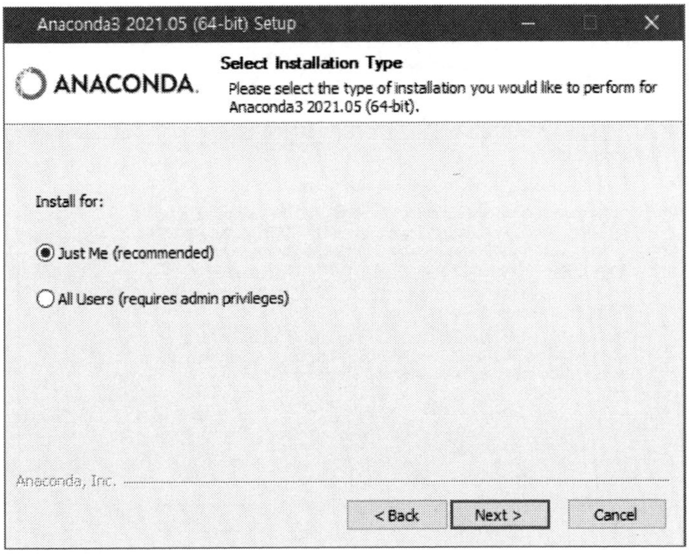

설치 유형에서 'Just me'를 선택하고 [Next >]를 클릭한다.

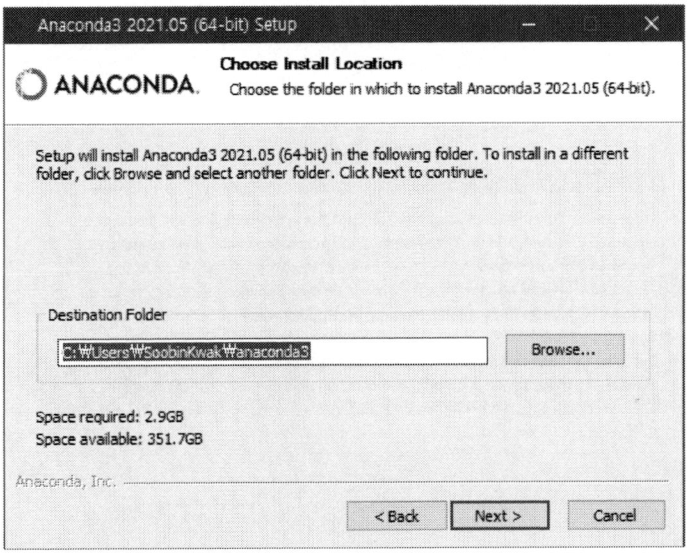

원하는 설치 경로를 지정한 후 [Next >]를 클릭한다.

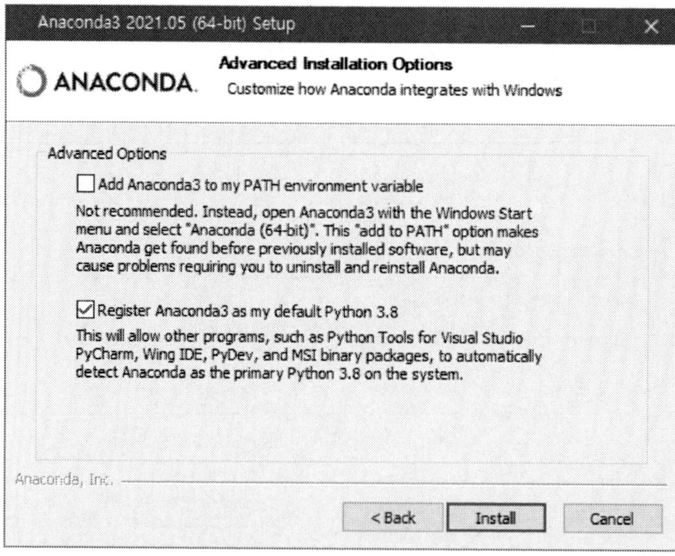

추가 옵션을 선택한 후 [Install]을 클릭한다.

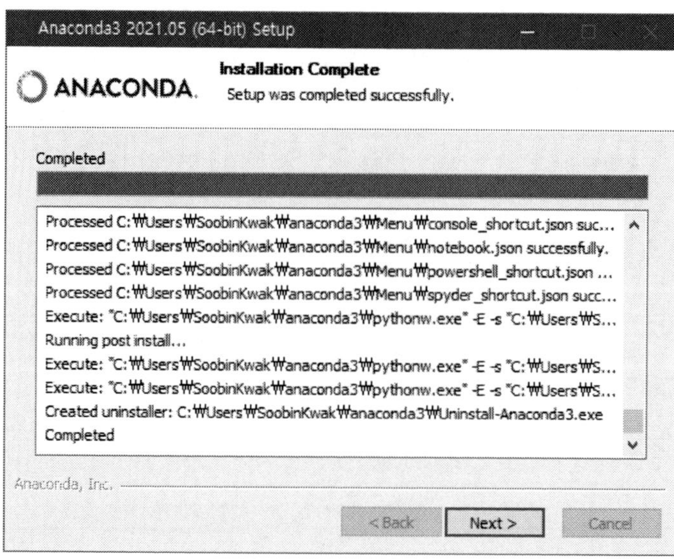

설치에 필요한 파일이 복사되는 과정이다. 위 화면과 같이 정상적으로 설치가 완료되었다면 [Next >]를 클릭한다.

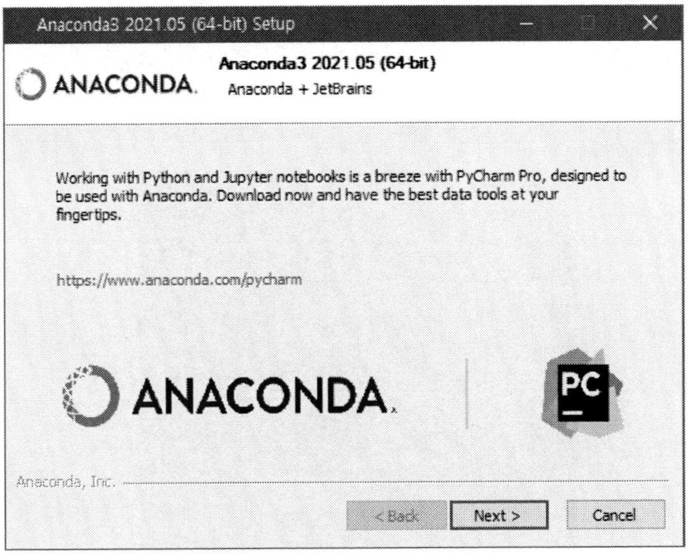

파이참 설치를 원한다면 링크에 접속해 설치하고, 원하지 않는다면 [Next >]를 클릭한다.

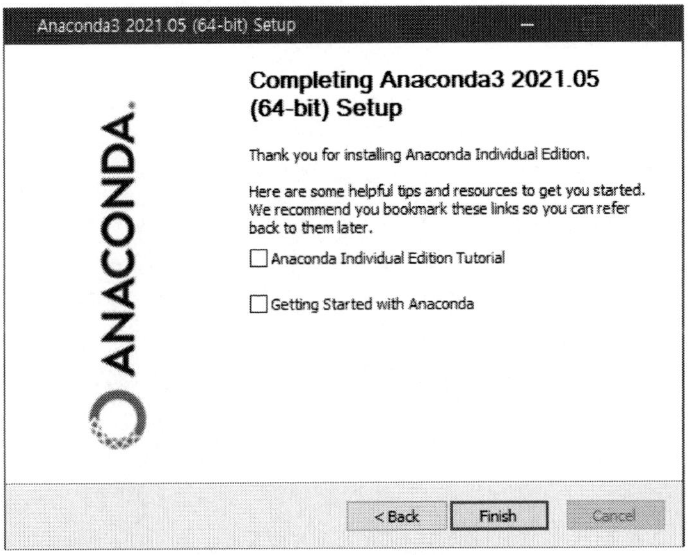

아나콘다 설치가 완료되었다. [Finish]를 클릭하여 설치를 마치자.

Section 4 프로그램 실행

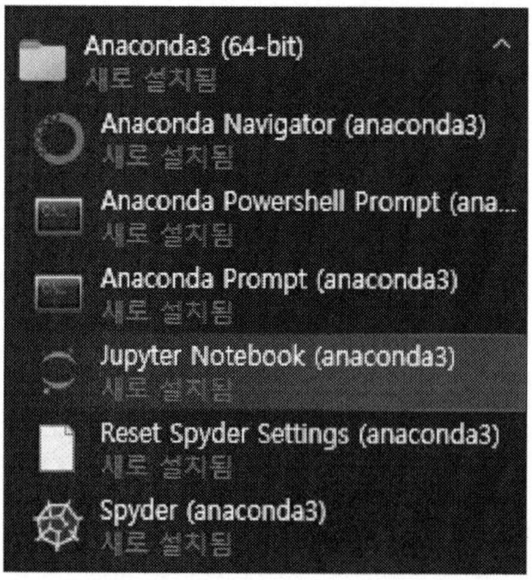

시작메뉴 'Anaconda3 (64-bit)'폴더 안에 'Jupyter Notebook (anaconda3)'를 클릭해 준다.

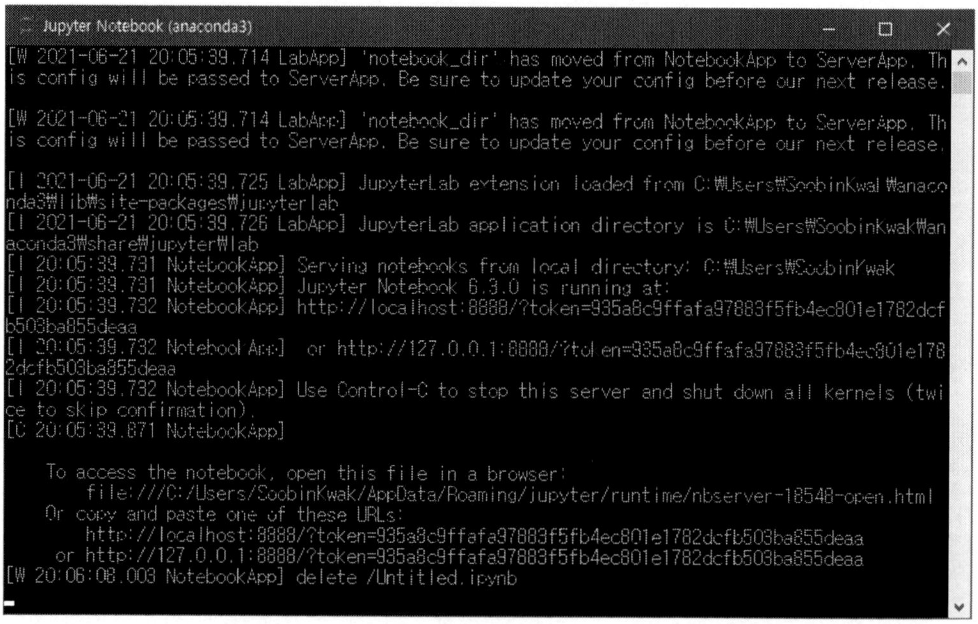

위와 같은 창이 뜨며 'Jupyter Notebook'이 실행된다.

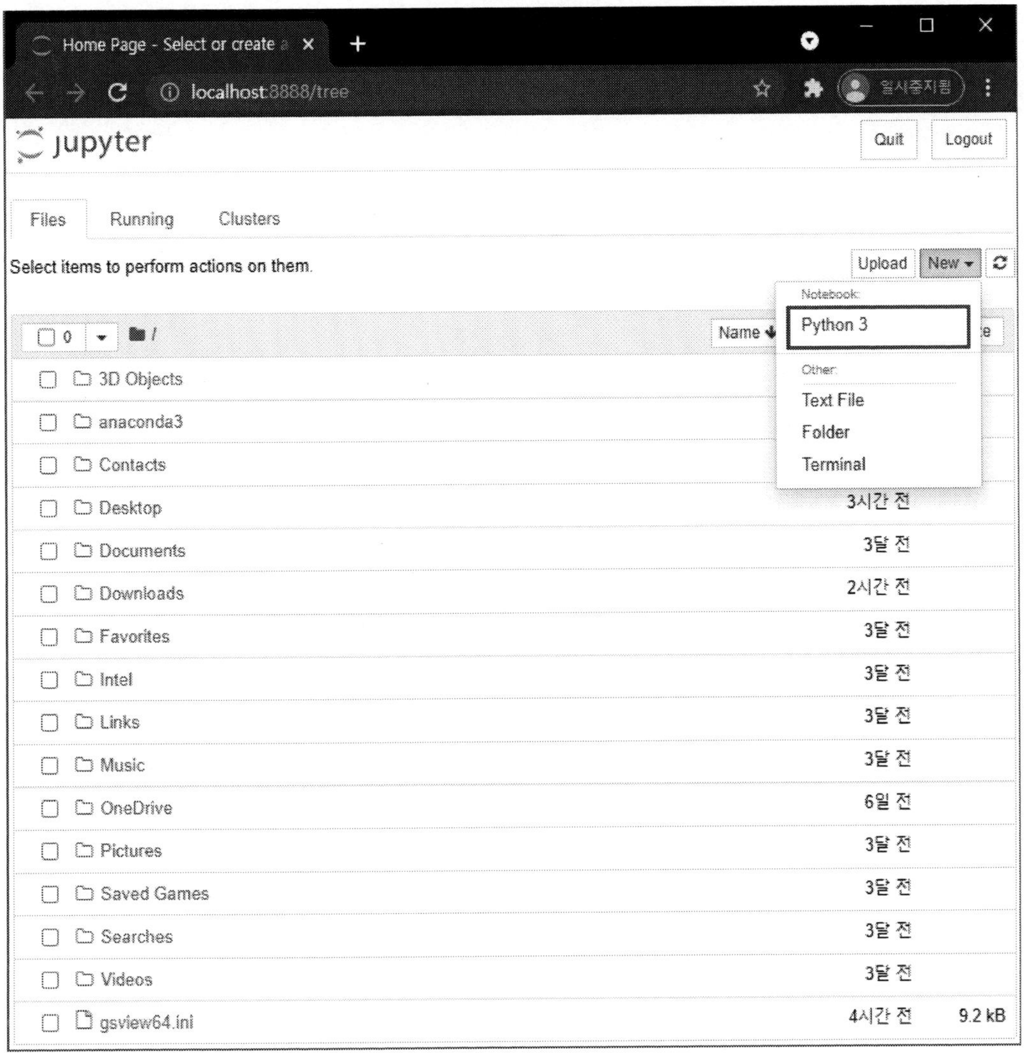

주피터 초기 화면에서 오른 쪽 위의 [New ▼]를 클릭한 후, [Python 3]을 선택한다.

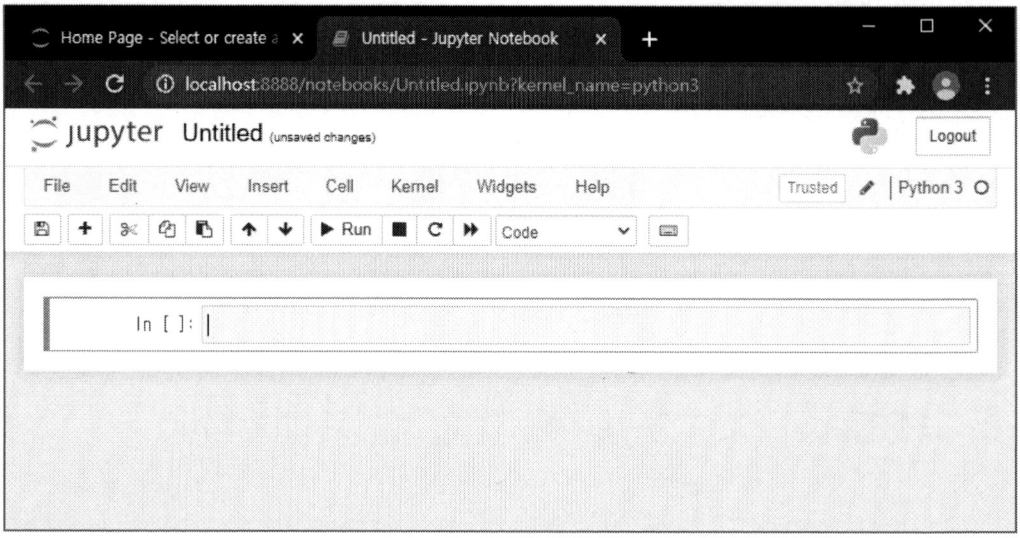

'Untitled'로 새로운 파일이 생성된다.

Part
04

python™

파이썬 기초 명령어

주석,

python™

코드에 간단한 설명을 해두고자 할 때, 설명 문구 앞에 '#' 를 붙이면 코드를 실행한 결과에 주석('#설명문구')은 어떠한 영향을 주지 않는다. 단, 주석은 한 줄 단위로 인식한다. 다음 코드를 작성후 ▶ Run 버튼을 클릭한다.

예제

```
a=1
# 변수 a에 1을 할당
print(a)            #변수 a 출력
#b=2
# 주석, 프로그램에 어떠한 영향도 주지 않음.
c=3
# 변수 c에 3을 할당
print(c)            #변수 c 출력
```

결과

```
1
3
```

연산자

덧셈	+
뺄셈	−
곱셈	*
제곱	**
나눗셈	/
몫	//
나머지	%

예제

```
a = 2
b = a+3
c = 2*3
d = b**a
e = 9/3
f = 7//3
g = 7%3
print(' a = %d₩nb = %d₩nc = %d₩nd = %d₩ne = %d₩nf = %d₩ng = %d'
%(a, b, c, d, e, f, g))
```

결과

```
a = 2
b = 5
c = 6
d = 25
e = 3
f = 2
g = 1
```

range

range(start, stop, step) 형식으로 사용할 수 있다.
start 값부터 step 만큼씩 증가하면서 stop 값 전까지의 정수들로 이루어진 리스트(list)를 생성한다. start = 0, step = 1이면 생략이 가능하다.

예제

```
a = range(10)
print(a)
```

결과

```
range(0, 10)
```

len

len을 이용하면 배열의 크기를 알 수 있다.

문자열 숫자열 모두 가능하다.

예제

```
a = range(10)
b = len(a)
print(b)
```

결과

```
10
```

max, min

max을 이용하면 최댓값, min을 이용하면 최솟값을 알 수 있다.

예제

```
a = range(10)
b = max(a)
c = min(a)
print('max = %d₩nmin = %d' %(b, c))
```

결과

```
max = 9
min = 0
```

Index

파이썬에서 인덱스(index)의 시작은 0이다.

리스트의 마지막 요소의 인덱스는 -1이다.

예제

```
a = range(1,10)
b = a[0]                          # '[ ]' 안에 인덱스를 넣어주면 된다.
c = a[1]
d = a[-1]
print('1st index of a = %d₩n2nd index of a = %d₩nlast index of a = %d'
%(b, c, d))
```

결과

```
1st index of a = 1
2nd index of a = 2
last index of a = 9
```

abs

abs는 절댓값을 계산한다.

예제

```
a = 5-10
b = abs(a)              # a의 절댓값 계산
print('a = %d₩nabsolute value of a = %d' %(a, b))
```

결과

```
a = -5
absolute value of a = 5
```

논리연산자 & 비교연산자

연산자	True	False
x and y (x & y)	x와 y 모두 참	x와 y 중 하나라도 거짓
x or y (x | y)	x와 y 중 하나라도 참	x와 y 모두 거짓
not x (~x)	x가 아닐 경우	x일 경우
x == y	x = y(class도 같아야 한다)	x와 y가 다를 경우
x!= y	x와 y가 다를 경우	x와 y가 같은 경우
x 〈 y	x가 y 미만인 경우	x가 y 이상인 경우
x 〈= y	x가 y 이하인 경우	x가 y 초과인 경우
x 〉 y	x가 y 초과인 경우	x가 y 이하인 경우
x 〉= y	x가 y 이상인 경우	x가 y 미만인 경우

str

문자열을 생성하거나, 숫자열을 문자열로 바꿔준다.

예제

```
a=5
b=str(a)
print('type(a) = %s₩ntype(b) = %s' %(type(a), type(b)))
print('a equals b –〉 %s' %(a==b))
```

결과

```
type(a) = 〈class 'int'〉
type(b) = 〈class 'str'〉
a equals b –〉 False
```

if-else

조건문으로 if 문이 True이면 if 문이 실행되고 거짓이면 다음 문장을 검토하고 실행한다. for 문과 마찬가지로 들여쓰기를 통해 구분한다. elif는 else if의 뜻으로 쓰인다.

예제

```
a = 3
if a>3:
    print(a, '> 3')
elif a<3:
    print(a, '< 3')
else:
    print(a, '= 3')
```

결과

```
3 = 3
```

for

변수에 요소가 순서대로 할당되고 반복문이 실행된다. 들여쓰기를 통하여 반복문을 설정할 수 있다.

예제

```
for i in range(10) :
    print(i, end='  ')
```

결과

```
0 1 2 3 4 5 6 7 8 9
```

while

while 문이 True이면 while 문 안의 문장들이 반복된다. while 문이 False가 될 때까지 반복되므로 무한루프에 빠지지 않도록 주의해야 한다.

while 문 안에 break를 사용하면 while 문을 중단시켜 무한루프에 빠지지 않도록 할 수 있다.

예제

```
a=2
while a<10:
    if a%5==0:
        break
    else:
        a = a+1
    print('New a is', a)
```

결과

```
New a is 3
New a is 4
New a is 5
```

numpy

파이썬의 라이브러리(Library)로 복잡한 수치계산을 위해 필요한 유용한 기능을 제공해 준다. import로 numpy 라이브러리를 불러와 흔히 np라고 이름을 설정한다.

np.array

m × n 행렬의 형태를 만들 수 있다. 리스트와 다르게 연산이 가능하다.

예제

```
import numpy as np
a = np.array([[2, 4, 6, 8, 10],[1, 3, 5, 7, 9]])
print(a)
```

결과

```
[[ 2  4  6  8 10]
 [ 1  3  5  7  9]]
```

np.arange

내장함수 range와 비슷하나 arange를 사용하면 배열의 형태로 바로 저장해 준다.

예제

```
import numpy as np
a = np.arange(10)
print(a)
```

결과

```
[0 1 2 3 4 5 6 7 8 9]
```

np.zeros

np.zeros([m, n])을 통해 m × n 영행렬을 만들 수 있다.

예제

```
import numpy as np
a = np.zeros([2, 3])
print(a)
```

결과

```
[[0. 0. 0.]
 [0. 0. 0.]]
```

np.random.randint

균일 분포의 정수 난수를 생성한다.

np.random.randint(min, max, n) : min값부터 max값 전까지 범위에서 n개의 정수 난수 생성

예제

```
import numpy as np
a = np.random.randint(1, 10, (2,3))
print(a)
```

결과

```
[[9 2 6]
 [5 3 6]]
```

np.hstack

행의 크기가 같은 배열을 행결합 시켜준다.

예제

```
import numpy as np
a = np.random.randint(1, 10, (2,3))
b = np.zeros([2,2])
c = np.hstack([a, b])
print(c)
```

결과

```
[[1. 9. 1. 0. 0.]
 [9. 4. 3. 0. 0.]]
```

np.where

조건에 맞는 배열의 인덱스를 알려준다.

예제

```
import numpy as np
a = np.arange(1, 10,2)
b = np.where(a==5)
c = a[b]
print('a =', a, '₩nb =', b, '₩nc =', c)
```

결과

```
a = [1 3 5 7 9]
b = (array([2], dtype=int64),)
c = [5]
```

np.delete

요소가 포함된 배열과 요소의 인덱스 값을 입력하면 해당 인덱스 위치의 요소가 배열에서 삭제 된다.

결과

```
[1 3 5 7 9]
[1 3 5 9]
```

예제

```
import numpy as np
a = np.arange(1, 10, 2)
print(a)
a = np.delete(a, [3])
print(a)
```

np.floor

각 요소의 값을 넘지 않는 최대 정수를 계산해 준다.

예제

```
import numpy as np
a = [−0.3, 2.5, 3.7, −4.1, 5.6]
a=np.floor(a)
print(a)
```

결과

```
[−1.  2.  3. −5.  5.]
```

np.sum

배열의 합을 계산해준다.

예제

```
import numpy as np
a = np.arange(10)
b = np.sum(a)
print(a,'₩n',b)
```

결과

```
[0 1 2 3 4 5 6 7 8 9]
 45
```

np.cumsum

배열의 누적합을 계산해 준다.

예제

```
import numpy as np
a = np.arange(10)
b = np.cumsum(a)
print(a,'₩n',b)
```

결과

```
[0 1 2 3 4 5 6 7 8 9]
[ 0  1  3  6 10 15 21 28 36 45]
```

np.lcm.reduce

배열의 최소공배수를 계산해 준다.
두 수만 비교한다면 reduce는 생략이 가능하다.

예제

```
import numpy as np
a = np.random.randint(1, 10, 3)
print(a)
b = np.lcm.reduce(a)
print(b)
c = np.lcm(3,5)
print(c)
```

결과

```
[3 8 7]
168
15
```

matplotlib.pyplot

matplotlib는 파이썬 데이터를 시각화할 때 많이 사용하는 라이브러리 패키지이다.
pyplot은 matplotlib에서 지원해 주는 모듈 중 하나이다.
from을 이용하여 matplotlib을 불러오고 import를 이용하여 pyplot을 불러와 흔히 plt로 이름을 줄여서 설정한다.

plt.plot

입력한 인자에 해당하는 선 그래프를 그려준다.

plt.bar

입력한 인자에 해당하는 막대 그래프를 그려준다.

예제

```
from matplotlib import pyplot as plt
x = range(10)
y = range(10)
plt.plot(x, y)
```

결과

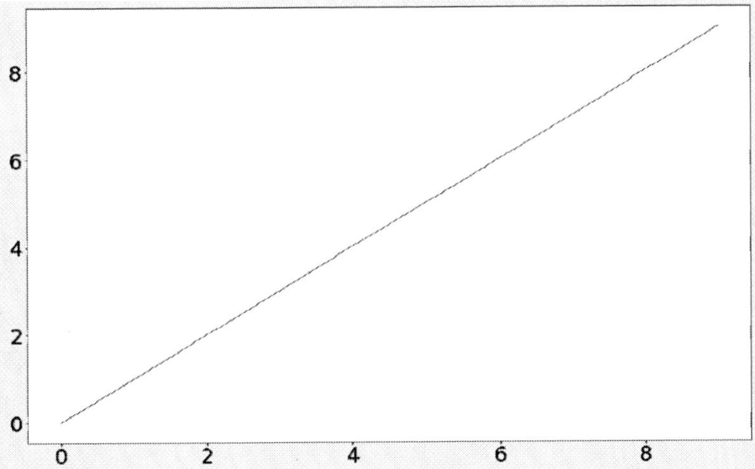

예제

```
from matplotlib import pyplot as plt
x = range(10)
y = range(10)
plt.bar(x, y)
```

결과

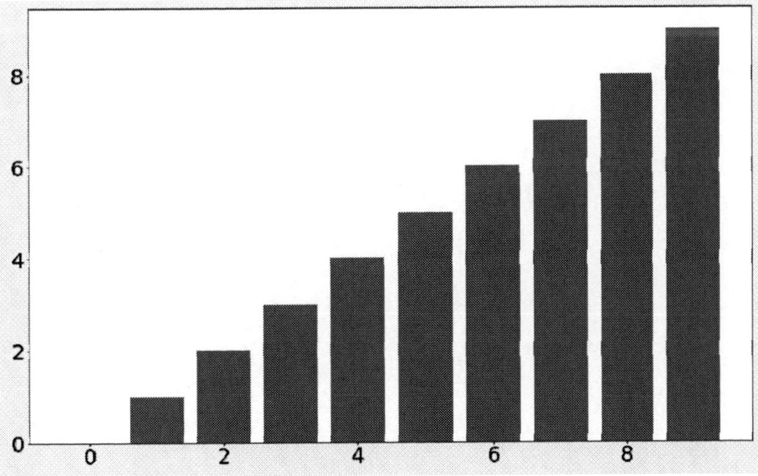

plt.show

생성된 그래프를 보여준다.

예제

```
from matplotlib import pyplot as plt
for i in [10, 20, 30]:
    x = range(i)
    y = range(i)
    plt.plot(x, y)
    plt.show()
```

결과

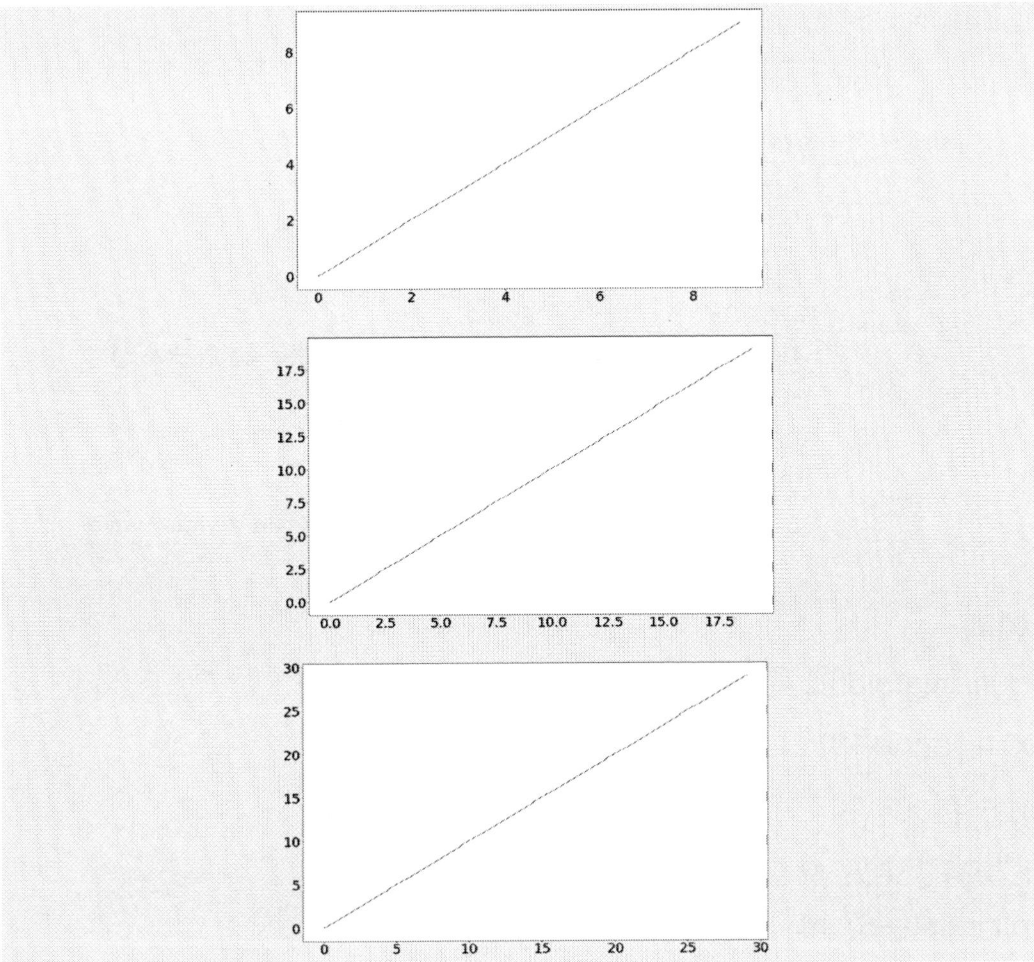
0 2 4 6 8
0 2 4 6 8
0.0 2.5 5.0 7.5 10.0 12.5 15.0 17.5
0.0 2.5 5.0 7.5 10.0 12.5 15.0 17.5
0 5 10 15 20 25 30
0 5 10 15 20 25 30

plt.axis

figure에 여러 옵션을 설정할 수 있다.

plt.axis(	옵션	) 설명
	[xmin, xmax, ymin, ymax]	x축, y축 범위 설정
	'on'	축, 라벨 등 모두 활성화
	'off '	축, 라벨 등 모두 비활성화
	'auto'	자동 설정
	'normal'	자동 설정
	'tight'	데이터를 모두 볼 수 있도록 충분히 크게 설정
	'equal'	축을 동일하게 설정
	'scaled'	plot의 차원과 동일하게 설정
	'image'	data 범위와 같게 설정
	'square'	사각형 범위 즉, xmax−xmin = ymax−ymin

예제

```
from matplotlib import pyplot as plt
x = range(10)
y = range(10)
plt.plot(x, y, 'o-')
plt.axis([-5, 10, -5, 10])
```

결과

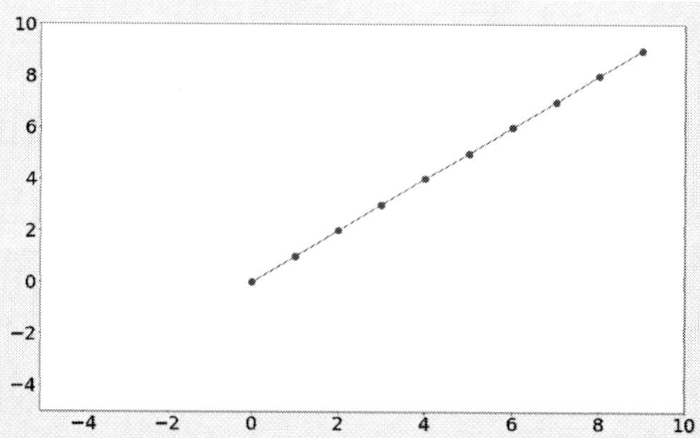

plt.grid

figure에 격자를 생성할 수 있다. default값은 False이다.

예제

```
from matplotlib import pyplot as plt
x = range(10)
y = range(10)
plt.plot(x, y)
plt.grid(True)
plt.show()
```

결과

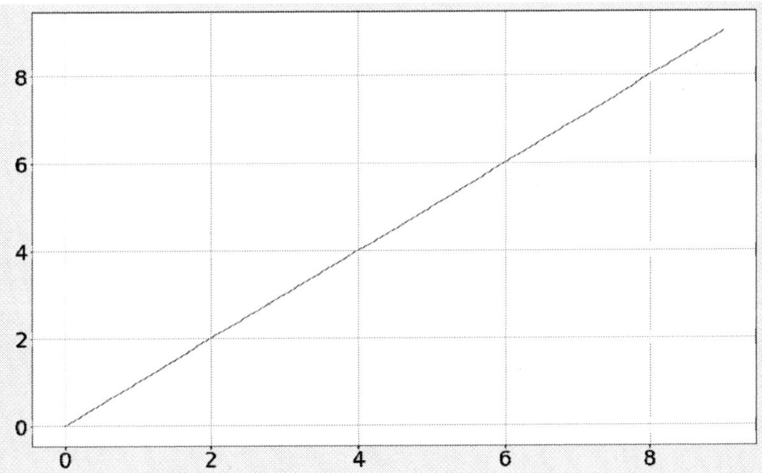

plt.title

figure의 제목을 설정할 수 있다.

예제

```
from matplotlib import pyplot as plt
x = range(10)
y = range(10)
plt.plot(x, y)
plt.title('f(x)=x')
plt.show()
```

결과

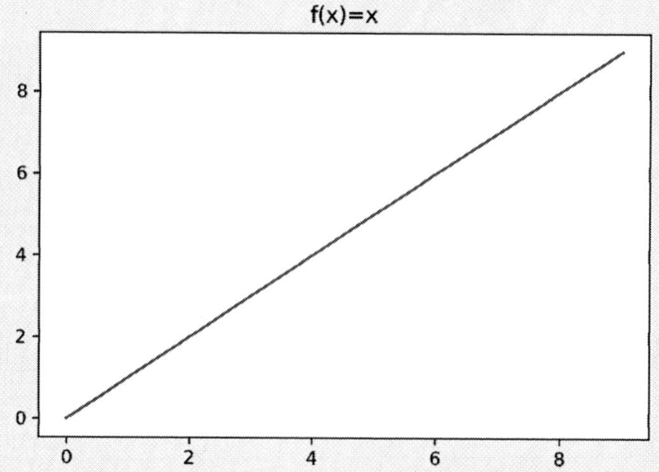

plt.xlabel / plt.ylabel

xlabel은 x축의 라벨을 ylabel은 y축의 라벨을 설정할 수 있다.

예제

```
from matplotlib import pyplot as plt
x = range(10)
y = range(10)
plt.plot(x, y)
plt.xlabel('x')
plt.ylabel('y')
plt.show()
```

결과

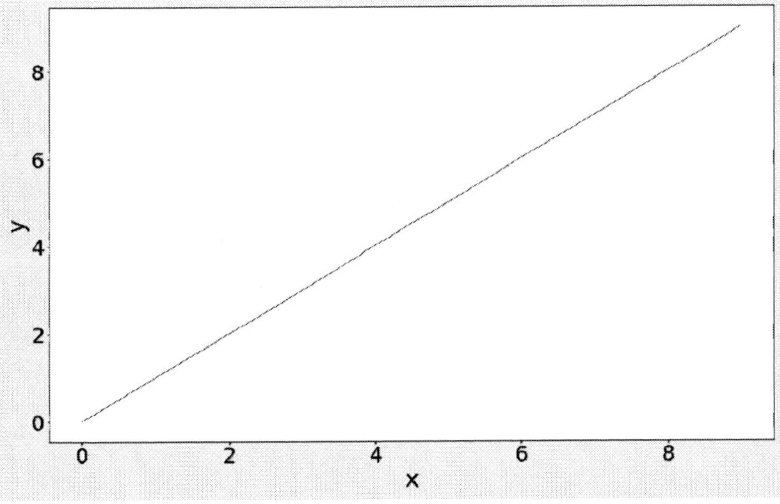

plt.text

지정한 위치에 text를 figure에 추가할 수 있다.

예제

```
from matplotlib import pyplot as plt
x = range(10)
y = range(10)
plt.plot(x, y, 'o-')
plt.text(4.5, 5.5,'(5, 5)', fontsize=13)
plt.show()
```

결과

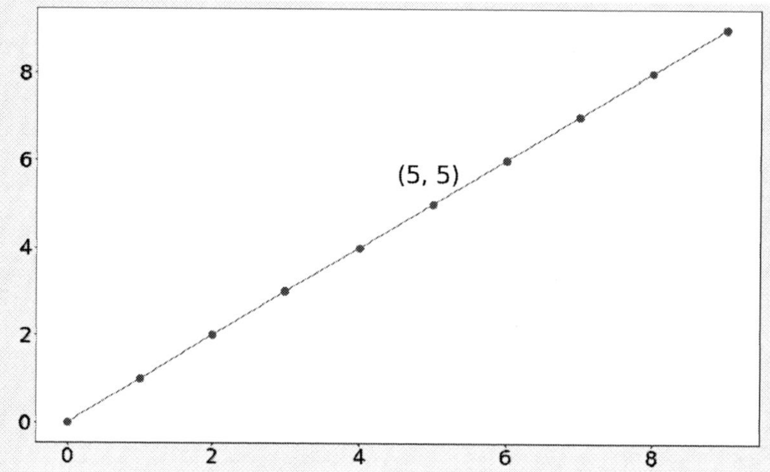

plt.rc

python™

figure의 여러 옵션의 font 크기를 설정할 수 있다.

plt.rc(	첫 번째 인자	,	두 번째 인자	= n)
	'font'		size	
	'axes'		titlesize	
	'axes'		labelsize	
	'xtick'		labelsize	
	'ytick'		labelsize	
	'legend'		fontsize	
	'figure'		titlesize	

* n 입력값은 숫자, 텍스트{SMALL_SIZE(=8), MEDIUM_SIZE(=10), BIGGER_SIZE(=12)}

예제

```
from matplotlib import pyplot as plt
x = range(10)
y = range(10)
plt.rc('font', size=20)
plt.plot(x, y, 'o-')
plt.title('f(x)=x')
plt.xlabel('x')
plt.ylabel('y')
plt.text(4, 6,'(5, 5)')
plt.show()
```

결과

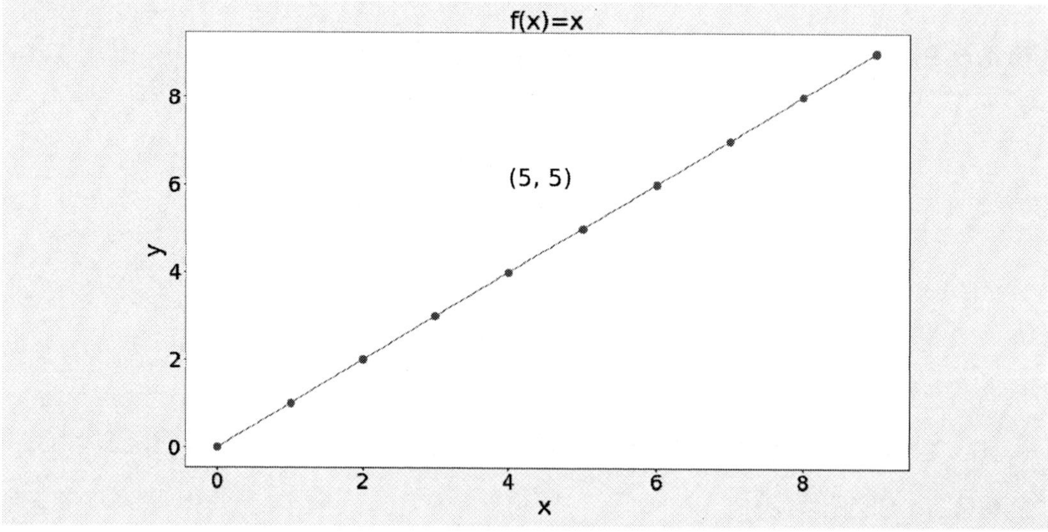